本书为吉林财经大学资助出版图书

VENTURE CAPITAL
AND
BOND RISK PREMIUM

风险投资
与债券风险溢价

——基于机构投资者视角

—— Based on the perspective of institutional investors

关博文 著

社会科学文献出版社
SOCIAL SCIENCES ACADEMIC PRESS (CHINA)

摘　要

债券融资在我国是重要的融资方式，相比股权融资，债券融资具有约束力强、能够发挥杠杆调节作用、保护所有权地位等优势。与金融机构贷款相比，债券是一种可交易的有价证券，具有强流动性和低融资成本的优点。虽然债券市场近十几年得到了长足发展，但是其发展规模与股票市场和金融贷款市场仍有不小的差距。促进企业债券市场的发展已成为我国长期战略目标。过高的债券风险溢价严重阻碍了企业债券的发行，企业债券融资能否合理规范地估值和定价，既关系到公司的融资成本，也关系到我国债券市场的运行效率。目前，国内对企业债券市场的研究刚刚起步，缺乏系统、全面的理论分析和实证研究，亟须对企业债券市场进行更加细致和深入的研究。

债券风险溢价基本上取决于企业无法偿还其债务的可能性，以往的研究大多考虑公司财务层面信息对债券风险溢价的影响，但是公司违约的可能性还取决于准确评估违约风险的代理成本。公司治理结构特征最能体现相关利益者的代理冲突。机构投资者已经成为重要的流通股股东，由于其本身的专业性和持股规模的扩大，机构持股越来越能影响公司治理活动。机构投资者由于投资目的、投资理念不同等，其持股行为的治理作用对债权人利益的影响往往表现出较大的异质性。一方面，机构投资者有能力解决信息不对称问题，发挥积极的监督作用，缓解内部控制人与债券持有人的利益冲突，使债券投资者要求的风险溢价降低。另一方面，机构投资者作为重要的股东，在校准了管理层的目标和自己的目标后，由于两者收益结构不同，机构投资者有时迫使内部控制人选择高风险高收益项目，这就有可能产生内部控制人和债权人的冲突，公司风险升高，违约可能性提高，进而债权人要求较高的债券风险溢价。

当前，国外学者关于机构投资者持股对债券风险溢价影响的研究已经取得了一定的成果。但是我国关于机构投资者持股行为的经济后果研究起步较晚，而且大多数研究基于股票市场上机构投资者的积极作用和消极作用，很少考虑机构投资者的治理作用对债券市场的影响。为此，本书首先在基础理论框架下对相关研究进行系统的文献梳理，引出本书的研究空间。其次，根据对债券市场和机构投资者发展现状的分析，说明了机构投资者参与公司治理的必然性和必要性，并从理论上分析了机构投资者对债券风险溢价的积极效用和消极效用。再次，基于三条主线研究机构投资者对债券风险溢价的影响，第一条为机构投资者持股行为对债券风险溢价的直接影响，第二条为以公司治理为视角分析机构投资者对债券风险溢价的影响路径，第三条为考虑异质性机构投资者持股行为对债券风险溢价的差异化影响。最后，根据本书的研究结论提出了相应的政策建议。

通过上述研究，本书得出的主要结论如下。

（1）对债券市场和机构投资者的发展现状进行分析，发现债券市场已经取得较大的发展，但是与股票市场和金融机构贷款市场仍有不小的差距，而且发展结构不合理。机构投资者在持股规模、投资领域等方面已经成为资本市场的重要力量，其持股行为对公司决策产生了越来越大的影响。

（2）实证检验机构投资者持股行为对债券风险溢价的直接影响。持股数量层面，发现机构投资者持股比例越高越能显著降低债券风险溢价。持股时间层面，发现机构投资者长期持股能更好地起到监督作用，显著降低债券风险溢价，机构投资者短期持股与债券风险溢价正相关，但不显著，在进一步区分产权性质的稳健性检验中发现，由于国有企业存在隐性担保，机构投资者追求短期收益、损害公司价值的行为不能被投资者感知，非国有企业中短期机构投资者持股能显著提高债券风险溢价。持股稳定性层面，发现机构稳定持股可能是由于降低了公司股票价格波动率，从而显著降低了违约风险。不稳定机构投资者的频繁交易会造成股票市场动荡，不利于债券投资者估计企业价值，进而会要求高的风险溢价。考虑股权集中度的情况，发现集中的股权可以增强机构投资者持股行为的影响效果。

（3）实证检验公司治理视角下机构投资者持股对债券风险溢价的影响。从股东治理、管理层治理、董事会治理和信息环境治理四个方面，研究机构投资者持股通过公司治理对债券风险溢价的影响路径。结果发现，股东治理是机构长期持股和稳定持股影响债券风险溢价的中介变量，长期和稳定机构投资者可以通过监督作用减少大股东的资金占用行为，保护中小股东和债权人的利益，进而表现出较低的债券风险溢价。

管理层治理是机构持股比例、机构短期持股、机构稳定持股影响债券风险溢价的中介变量，稳定和高比例持股的机构投资者更关注企业价值的提升，他们可以实施一些激励计划来提高管理层的薪酬业绩敏感性以达到目的。虽然机构短期持股也可以提高管理层薪酬业绩敏感性，但是短期持股的机构投资者更多地表现为与管理层的串谋，这会损害长期公司价值，提高债券风险溢价。

董事会治理是机构长期和稳定持股影响债券风险溢价的中介变量，独立董事本身就起到优化公司治理结构的作用，机构投资者的长期持股和稳定持股可以进一步提高包括债券投资者在内的公司相关投资者的利益保护水平，其经济后果之一是降低了债券投资者要求的风险溢价。

信息环境治理是机构投资者持股特征影响债券风险溢价的中介变量，信息是评估公司违约概率和决定债券风险溢价的重要指标，拥有专业投资背景的机构投资者是信息收集、使用、传播的主体，机构投资者可以通过影响信息环境治理来影响债券投资的评估，进而影响债券风险溢价。

（4）实证检验机构异质性视角下机构投资者持股对债券风险溢价的影响。研究发现，压力抵制型机构投资者由于不存在商业关系，监督激励较强，随着持股比例的提高，可以有效降低企业的债券风险溢价；压力抵制型长期机构投资者持股能进一步降低债券风险溢价；压力抵制型短期机构投资者能够抵消一部分短期投资带来的风险冲击；稳定机构投资者中，压力抵制型机构投资者要比压力敏感型机构投资者更能降低债券风险溢价。压力敏感型机构投资者与被投资公司存在商业关系，致使长期持股对债券风险溢价的积极效应减弱；同时压力敏感型短期机构投资者持股，加剧了与管理层的串谋风险，进一步提高了债券风险溢价。

综合上述机构投资者持股对债券风险溢价的影响的理论分析和实证研究结果，本书提出了如下政策建议：政府应该提高监管效率，发展债券市场，解决民营企业融资难的问题；完善投资者保护法律保障体系，建立一套全面系统的监督和处罚机制，以保护与增加债权人财富；鼓励更多的机构投资者参与市场投资活动，营造多元自由的投资环境，提高全社会的资源配置效率，以价值最大化为目标促进全社会的发展；引导机构投资者长期稳定持股，重点培育积极类型的机构投资者，增加市场稳定性；股票市场和债券市场的发展应该立足全局，以整体利益和战略布局为出发点，完善公司治理机制，实现相关利益者利益最大化；深化国有企业改革，鼓励混合所有制企业的发展，提高企业运行效率。

关键词： 机构投资者　企业债券　公司治理　风险溢价

Abstract

Bond financing is an important financing mode in China. Compared with equity financing, it has several significant advantages, including strong binding effect, adjustment lever and protection over the status of ownership. Compared with the loans of financial institutions, bond is a tradable security and has two significant advantages, including strong liquidity and low financial costs. Although the Chinese bond market has enjoyed rapid development in recent decade, its development scale falls greatly behind the stock market and financial loan market. Nowadays, China has regarded facilitating the development of corporate security market as a long-term strategic objective. Excessively high risk premium for bonds may severely impede the issuing of corporate bonds. Whether corporate bond financing can be evaluated and priced reasonably and normally determines corporate financing costs and the operation efficiency of Chinese bond market. Currently, the domestic research on corporate bond market enjoys a late start and lacks systematic and comprehensive theoretical analysis and empirical research. It is necessary to research corporate bond market in a more detailed and in-depth manner.

Abstract

The risk premium for bonds is basically determined by the possibility that a corporate is unable to fulfill its debt obligations. The research of predecessors mostly considers the impact of corporate financial information on the risk premium for bonds. However, the default possibility of a company is also determined by accurately evaluating the agency costs of default risks. In fact, the characteristics of corporate governance structure most represent the agency conflicts of stakeholders. Nowadays, institutional investors have been important shareholders of circulating stocks. As institutional investors have increasing professionalism and share-holding scale, institutional shareholding exerts increasing impact on corporate governance activities. With different investment objectives and concepts, institutional investors play different roles. On the one hand, institutional investors are capable of solving information asymmetry and play an active supervision role, which alleviates the interest conflicts between internal controllers and stockholders and lowers the risk premium required by stock investors. On the other hand, institutional investors are important shareholders, who adjust their objectives to be consistent with the objectives of managerial staff. As the profiting structure varies, institutional investors sometimes force internal controllers to adopt high-risk yet high-profit projects. As a result, it may cause conflicts between internal controllers and creditors. As corporate risks increase, default risks increase as well, which causes creditors to demand for higher risk premium for bonds.

Currently, foreign scholars' research on how institution investors' stockholding affects the risk premium for bonds has made some achievements. Conversely, Chinese research on the economic consequences of institutional investors' stockholding behaviors lags behind and focuses on the positive and negative impact of institutional investors in the stock market. In addition, it seldom considers the impact of institutional investors' governance roles on the bond market. Based on the basic theoretical framework, the thesis reviews relevant research systematically and introduces the research background. Secondly, it analyzes the development status of bond market and institutional investors. Apart from elaborating on the necessity and inevitability for institutional investors to participate in corporate governance, the thesis also analyzes institutional investors' active and negative impact on the risk premium for bonds from the theoretical perspective. Thirdly, the thesis studies the impact of institutional investors on the premium risk for bonds from three perspectives: The first line studies the direct impact of institutional investors' stockholding behaviors on the risk premium for bonds. The second line studies the means by which institutional investors affect the risk premium for bonds from the perspective of corporate governance. The third line considers the differentiated impact of heterogeneous institutional investors' stockholding behaviors on risk premium for bonds. Lastly, the author puts forward policy advice based on research conclusions.

Through the above studies, the main conclusions of this paper are as follows.

(1) Based on analyzing the development status of bond market and institutional investors, the author found out the bond market has enjoyed substantial development, yet still falls behind the stock market and loans from financial institutions. In addition, its development structure is unreasonable. Nowadays, institutional investors have been

Abstract

important power of the capitalist market due to large stockholding scale and widespread investment range. In addition, their stockholding behaviors become increasingly influential to corporate decision-making.

(2) As is proved by empirical test, institutional investors' stockholding behaviors have direct impact on the risk premium for bonds. According to research findings, the higher the proportion of shares held by institutional investors, the more significant it lowers the risk premium for bonds. In addition, the longer institutional investors hold shares, the better they can supervise and significantly lower the risk premium for bond. In addition, there exist insignificant positive correlations between institutional investors' short-term shareholding and risk premium for bonds. According to the stability test that distinguishes the nature of property, state-owned enterprises have implicit guarantee, which forces institutional investors to pursue short-term benefits. Moreover, the behaviors of damaging corporate values remain unknown to investors. As a result, the short-term institutional investors increase their stockholding in non-state owned enterprises, which significantly increases the risk premium for bonds. Regarding stockholding stability, the author found out stable stockholding lowers the price fluctuation rate of corporate stocks and default risks. Conversely, the frequent trading of unstable institutional investors cause fluctuations in the bond market, which is unfavorable for bond investors to estimate corporate values and demand for a higher risk premium. Lastly, centralized equity enhances the impact on stockholding behaviors.

(3) The author conducted an empirical test of how institutional investors' stockholding affect risk premium for bonds from the perspec-

tive of corporate governance. The author researched how institutional investors affect the risk premium for bonds through corporate governance from four aspects, including shareholder governance, manager governance, board of director governance and information environment governance. According to research findings, shareholder governance is the intermediate variable that influences how much long-term and stable institutionalshareholding affects risk premium for bonds. Long-term and stable institutional investors may reduce big shareholders' fund embezzlement behaviors through supervision. It guarantees the interests of small and medium-sized shareholders and debtors, which result in lower risk premium for bonds.

Management governance is the intermediate variable that influences how much institutional investors' shareholding proportion, short-term shareholding and stable shareholding affect the risk premium for bonds. Hence institutional investors' stable and high-proportion shareholding focus more on improving corporate values and may implement incentive plans to improve managers' sensitivity towards performance to achieve the objective. Although institutional short-term shareholding improves managers' sensitivity towards salary performances, the institutional investors of short-term may collide with managers to achieve short-term interest objectives, which harms long-term corporate values and increases the risk premium for bonds.

Board governance is an intermediate variable that influences how much institutional long-term and stable shareholding affects the risk premium for bonds. An independent director serves as an optimal corporate structure. Further improving institutional investors' long-term and stable stockholding improves the interest protection over corporate stakeholders, including stock investors. One of economic consequences is to lower the risk premium required by bond investors.

Information environment governance is an intermediate variable that influences how all institutional investors' shareholding characteristics affect the risk premium for bonds. Information is an important indicator for evaluating the probability for a company to make defaults and affects the risk premium for bonds. The most important source of collecting, using and transmitting information is institutional investors with professional investment background. Institutional investors are capable of affecting the bond investment evaluation by influencing the information environment, which further affects the risk premium for bonds.

(4) The author conducted empirical test to find out how institutional investors' stockholding affects the risk premium for bonds from the homogeneity perspective. According o research findings, pressure-resistant institutional investors do not have business connections and have strong initiative for supervision. As the proportion of stockholding increases, it effectively lowers the risk premium for bonds effectively. Resistant institutional investors' long-term stockholding further lowers the risk premium for bonds. Resistant institutional investors' short-term stockholding offsets partial risk impact brought by short-term investment. Among all stable institutional investors, resistant investors are better at lowering the risk premium for bonds than sensitive institutional investors. Conversely, sensitive institutional investors have business connections with invested companies, which decrease the active impact from long-term stockholding on the risk premium for bonds. In addi-

tion, the short-term stockholding of sensitive institutional investors accelerates the risk of colliding with managers and increases the risk premium for bonds.

The author put forward the following policy advice based on the theoretical analysis and empirical research results mentioned above. Firstly, the government should improve its supervision efficiency, develop the bond market and alleviate the financing difficulties faced by private enterprises. Secondly, the government should perfect the legal guarantee system for protecting investors. Thirdly, the government should set up a complete and systematic supervision and punishment mechanism to protect and increase creditors' wealth. Fourthly, institutional investors should be encouraged to participate in market investment activities, set up a diversified and free investment environment and improve the social efficiency of resource allocation to facilitate social development by maximizing values. Fifthly, the government should guide institutional investors to hold long-term and stable shares, cultivate active institutional investors and make the market more stable. Sixthly, the stock market and bond market should start with overall benefits and strategic distribution macroscopically, perfect the corporate governance mechanism and maximize stakeholders' benefits. Seventhly, the government should deepen the reform in state-owned enterprises and encourage the development of enterprises with mixed ownership to improve corporate operation efficiency.

Keywords: Institutional Investor; Corporate Bond; Corporate Governance; Risk Premium

目 录

第一章 绪论 ………………………………………………… 1
  第一节 研究背景 …………………………………………… 1
  第二节 研究内容与研究框架 ……………………………… 5
  第三节 研究方法 …………………………………………… 10
  第四节 创新之处与研究意义 ……………………………… 11

第二章 理论基础及文献综述 …………………………… 15
  第一节 理论基础 …………………………………………… 15
  第二节 文献综述 …………………………………………… 22
  本章小结 ……………………………………………………… 38

**第三章 债券市场与机构投资者发展制度背景
       与现状分析** ………………………………………… 40
  第一节 债券市场发展制度背景 …………………………… 40
  第二节 债券市场发展现状分析 …………………………… 42
  第三节 机构投资者发展制度背景 ………………………… 46
  第四节 机构投资者发展现状分析 ………………………… 50
  本章小结 ……………………………………………………… 55

第四章 机构持股对债券风险溢价的影响 ·············· 56
第一节 理论分析与研究假设 ························ 58
第二节 研究设计 ·································· 62
第三节 实证结果及分析 ···························· 71
本章小结 ·· 91

第五章 公司治理视角下机构持股对债券风险溢价的影响 ······ 92
第一节 理论分析与研究假设 ························ 93
第二节 研究设计 ································· 102
第三节 实证结果及分析 ··························· 109
本章小结 ······································· 151

第六章 机构异质性视角下机构持股对债券风险溢价的影响 ··· 154
第一节 理论分析与研究假设 ······················· 156
第二节 研究设计 ································· 159
第三节 实证结果及分析 ··························· 163
本章小结 ······································· 177

第七章 研究结论与政策建议 ·························· 178
第一节 研究结论 ································· 179
第二节 政策建议 ································· 183

参考文献 187

第一章
绪　论

本章主要介绍本书的研究背景，根据研究背景引出研究内容以及研究框架结构，明确研究方法，最后阐述本书的创新之处和研究意义。

第一节　研究背景

目前我国企业主要的融资方式有股权融资和债权融资，其中债权融资主要依靠金融机构贷款和发行债券。相比股权融资，债券具有约束力强、能够发挥杠杆调节作用、保护所有权地位等优势。与金融机构贷款相比，债券是一种可交易的有价证券，具有强流动性和低融资成本的优点。在中国，债券融资规模从2000年底的0.44万亿元增加到2019年底的15.3万亿元，增长了33.77倍。虽然债券市场近十几年得到了长足发展，但是其发展规模相较于股票市场仍有不小的差距。截至2019年底，股票市场的总市值为52.90万亿元，是企业债券市场发行规模的3.46倍，而且我国债权融资主要依赖于金融机构贷款,截至 2019 年底,我国金融机构各项贷款余额为 217.28 万亿元,是企业债券市场发行规模的 14.2 倍。① 中国债券类型主要分为国债、政府债、金融债和企业债等。其中,国债和政府债的比重最大,其凭借政府公信力的担保可以看作无风险的。金融债是由金融机构发行的债券,能够有效地解决银行等金融机构资金来源不足和期限不匹配的问题。企业债是指境内具有法人资格的企业,依照法定程序发行、约定在一定期限内还本付息的有价证券,相比其他债券更容易受到市场因素的控制,也最能体现企业的信用状况和投资者的风险敏感性,可以作为企业重要的融资手段,促进企业的发展,因此对企业债券的研究意义重大。为拓宽公司融资渠道,促进我国债券市场发展,中国证监会于 2007 年 5 月发布了《公司债券发行试点办法》。随后,中国证监会出台了多个配套实施细则,使得 2007 年后的企业债发行迎来了一个高潮,因此企业债券市场的发展问题成为理论界和实务界关注的焦点。《金融业发展和改革"十二五"规划》提出,要加快建设规范化、多层次金融市场体系,打破各个市场的壁垒,积极推动各形式区域金融市场的协调发展,积极发展债券市场。企业债券市场是重要的金融体系组成部分,扩大企业债券的发展规模是我国债券市场的长期战略目标。过高的债券风险溢价严重阻碍了我国企业债券市场的发展,数据显示 2009~2016 年企业债券到期收益率平均高于国债到期收益率 2.249 个百分点。企业债券融资能否进行合理规范的估值和定价,既关系到公司的融资成本,也关系到我国债券市场的运行效率。目前,国内对企业债券市场的研究刚刚起步,缺乏系统、全面的

---

① 数据来源于 Wind 数据库和国泰安数据库。

理论分析和实证研究，亟须对企业债券市场进行更加细致和深入的研究。

通过对债券相关文献的梳理和研究，我们发现国内外学者证明了信用风险、流动性风险、宏观经济风险等能影响企业债券风险溢价，虽然得出了一些有价值的结论，但是也存在一些不足，前人的研究大多考虑到公司财务层面信息对违约概率的影响最终体现在债券风险溢价上，其实公司治理结构不合理所导致的股东与债权人、管理层与债权人的代理冲突往往潜在影响债券投资者利益。公司的治理结构特征能准确描述相关利益者的利益倾向，使债券投资者识别自身所处的利益分配地位，进而通过价格保护方式保护自身的利益（Jensen and Meckling，1976）。中国资本市场监管不完善，投资者保护水平较低（夏立军、方轶强，2005），导致中国上市公司治理水平不高。从公司治理视角来看，股东治理方面，一股独大现象严重，国有企业中国有控股的政治关联性较强，公司治理往往受到政府干预，自由市场作用机制不能得到有效运转（傅家骥等，2001）。管理层治理方面，上市公司高管利益输送现象严重，为了提高个人名望和薪酬等级，管理层存在盈余管理和利益掏空行为（路军伟等，2015）。董事会治理方面，中国证监会借鉴西方国家的治理方式，引入了独立董事制度，但是独立董事的治理效果不明显（祝继高等，2015）。信息环境治理方面，中国上市公司信息透明度较低，同时公司财务信息质量不高，导致了投资者不能准确估计企业的实际价值，影响资本市场的发展（杨丰来、黄永航，2006；屈文洲等，2011）。机构投资者已经成为重要的流通股股东，由于其本身的专业性和持股规模的扩大，在制度不完善的情况下，已经成为重要的公司治理主体（Shleifer and Vishny，1986；Claessens et al.，2000）。机构投资者由于投资目的不同、理念不同、擅长领域不同等，其持股行为的治理作用对债权人的利益往往表现出较大的异质性。一方面，机构投资者有能力解决信息不对称问题，同时减轻管理层对股东、大股东对中小股东权益的侵害（Jensen and Meckling, 1976）。机构投资者发挥积极的监督作用，减少了代理成本，提升了企业价值，债权人由于企业价值的提升同样获益，使债券投资者要求的风险溢价降低。同时长期的机构投资者持股往往关注企业的长期价值提升，可以积极阻止管理层的短视行为，根据Merton（1974）结构化理论，企业价值升高使公司面临的违约风险降低、债券融资风险溢价降低。另一方面，机构投资者作为重要的股东，在校准了管理层的目标和自己的目标使之一致后，由于收益结构不同，机构投资者有时迫使股东实施高风险高收益项目，这就有可能产生股东和债权人的冲突（Myers, 1977），公司风险升高，违约可能性就升高，进而债权人要求较高的债券风险溢价。债权人的收益来源于拿回本金并收取利息，他们不像股东，不能分享公司潜在价值提升得到的全部收益。这种根本的不同，导致了股东和债权人面对风险的态度是不一样的。实际上，股东持有一个公司资产的看涨期权，他们会偏好高风险项目，如果股东有能力去影响管理层的决定，那么他们会为了满足自身利益，让公司实施一些高风险高回报的项目，这无疑增加了公司风险。而债权人更关注的是到期能不能拿回自己的收益，他们更希望公司面临较低的风险。综上所述，机构投资者作为重要的股东和外部监督者，其投资行为可以直接和间接影响到债券持有人的利益，影响债券风险溢价。

在证券市场发展初期，市场参与者主要是个人投资者。20世纪70年代以来，西方各国证券市场出现了证券投资机构化的趋势。有关统计数据[①]表明,机构投资者市场份额 70 年代为 30%,90 年代初已发展到 50%,机构投资者已成为证券市场的主要力量。1997 年底,中国证券市场机构投资者开户数占总开户数比例不到 1%。为了改变这种投资者结构失衡的状况,中国在采取措施完善立法的前提下,逐步培育和规范发展机构投资者,发挥证券投资基金支撑市场和稳定市场的作用,促进证券市场健康持续稳定的发展。1997 年 11 月 14 日,国务院证券委员会颁布了《证券投资基金管理暂行办法》。2001 年中国第一只开放式基金诞生,自此基金产品差异化日益明显,基金的投资风格也趋于多样化。2005 年以后,中国证券市场上的机构投资者已经初步形成多元化格局,主要为证券投资基金、社保基金、保险公司、QFII 等。截至 2019 年末,我国各类机构投资者持有 A 股流通股比例达 65% 以上。机构投资者已经成为证券市场上的主导力量,作为重要的股东,其必然会在不同程度上介入公司治理。

第二节 研究内容与研究框架

一 研究内容

首先,本书以中国上市公司为研究对象,在学科基础理论的分析之上对国内外关于机构投资者持股和债券风险溢价的相关研究进行了文献梳理和回顾,找到研究目的和研究空间。其次,从机构持股的数量上、时间上、稳定性上分析其持股行为对债券风

---

① 数据来源于 Wind 数据库。

险溢价的影响，从公司治理的角度具体分析机构持股的影响路径，并且检验机构异质性与持股特征的共同影响。最后，根据本书的研究结论提出相应的政策建议。

第一章为绪论。本章主要介绍本书的研究背景、理论意义与现实意义、研究内容与结构框架、研究方法以及创新之处。

第二章为理论基础及文献综述。该部分首先对研究的相关基础理论进行了分析，描述了各种理论的起源和本书对基础理论的发展与运用，为下文机构投资者持股的经济后果和公司治理问题分析提供了理论铺垫。其次，对目前债券风险溢价的相关研究进行综述，描绘已有研究的贡献和不足。再次，从机构投资者持股特征的角度阐述机构投资者持股对公司治理的作用，主要表现为积极主义和消极主义。最后，从公司治理的角度分析机构投资者对债券风险溢价的可能影响路径。

第三章为债券市场与机构投资者发展制度背景与现状分析。政策制度往往对经济发展起到重要作用，这一章对债券市场发展和机构投资者发展背后的制度变迁进行了系统梳理，并且进行了历史发展和现状分析，这些分析有利于强化论文的研究目的与意义，同时有利于找到市场发展规律和机构投资者持股动机。首先，介绍了债券市场的发展历程，发现我国债券市场发展结构不合理，债券风险溢价较高。其次，阐述了机构投资者的现状，说明了机构投资者已然成为我国资本市场上重要的决定力量。最后，深入分析了机构投资者持股对债券风险溢价的积极作用和消极作用。机构投资者持股行为积极作用更多地表现为监督动机，有效提高公司未来企业价值，降低违约风险从而降低债券投资者要求的风险溢价。机构投资者持股行为消极作用则更多地表现为利益攫取和串谋动机，不仅不能帮助企业改善治理环境，反而加剧了公司风险，进一步提高了债券风险溢价。

第四章研究机构投资者持股对债券风险溢价的影响。从机构投资者的持股比例、持股期限、持股稳定性三方面分析其对债券风险溢价的影响。通过实证分析方法检验机构投资者持股目的不同是否能被债权人感知。研究发现，机构投资者持股比例越高越能显著降低债券风险溢价。机构投资者的长期持股能显著降低债券风险溢价，长期持股能更好地起到监督作用。机构投资者的短期持股与债券风险溢价正相关，但不显著，通过进一步区分产权性质的稳健性发现，国有企业存在隐性担保作用，致使机构投资者追求短期收益，损害公司价值的行为不能被投资者感知，非国有企业中短期机构投资者持股显著提高债券风险溢价。稳定持股能降低公司股票价格波动率，降低违约风险。不稳定机构投资者的频繁交易会造成股票市场动荡，不利于债券投资者估计企业价值，进而要求高的风险溢价。

第五章基于公司治理的视角研究机构持股对债券风险溢价的影响。参考标准普尔（2002）制定的框架来评估企业的公司治理结构，从股东治理、管理层治理、董事会治理和信息环境治理四个方面，研究机构投资者持股通过公司治理对债券风险溢价的影响路径。结果发现，机构投资者持股比例可以通过管理层治理和信息环境治理来影响债券风险溢价。机构长期持股可以通过股东治理、董事会治理、信息环境治理来影响债券风险溢价。机构短期持股可以通过管理层治理、信息环境治理来影响债券风险溢价。机构稳定持股可以通过股东治理、管理层治理、董事会治理、信息环境治理来影响债券风险溢价。机构不稳定持股可以通过信息环境治理来影响债券风险溢价。

第六章研究机构异质性视角下机构持股对债券风险溢价的影

响。将机构投资者分为压力抵制型和压力敏感型，检验机构投资者异质性是否能在持股特征方面表现出对债券利差的差异化影响。进一步，又按照机构投资者是否受到政府影响将其划分为独立型和非独立型机构投资者，实证检验结果发现，机构投资者的不同属性能够造成差异化影响。

第七章为研究结论与政策建议。经过理论分析和实证检验，本书归纳总结研究结论，为我国上市公司治理提供依据，为我国资本市场政策监管者和制定者提供建议。

二 研究框架

本书在前人研究的基础上，采用规范化、结构化的研究方法，通过"背景分析—现有研究分析—理论分析—实证检验—结论分析—建议与展望"的研究技术路线进行深入分析与探讨，具体逻辑框架如图1.1所示。

第一条研究路线：机构持股对债券风险溢价的直接影响。机构投资者作为最大的流通股股东，越来越有能力介入上市公司经营决策，由于不同的理念和需求目标，机构投资者持股往往表现出不同的持股行为。差异化持股行为传递的信号能否直接被债券投资者感知并最终影响债券风险溢价是本路线主要的研究问题。本书从机构投资者的持股比例、持股期限、持股稳定性方面分析其对债券风险溢价的影响，综合考虑数量、时间和稳定性因素，全面分析机构持股对债券风险溢价的直接影响，具体实证研究在本书第四章。

第二条研究路线：公司治理视角下机构持股对债券风险溢价的影响。作为公司重要的股东，机构投资者对目标公司具有积极的监督治理作用，但同时具有消极的利益侵占作用，而公司治理

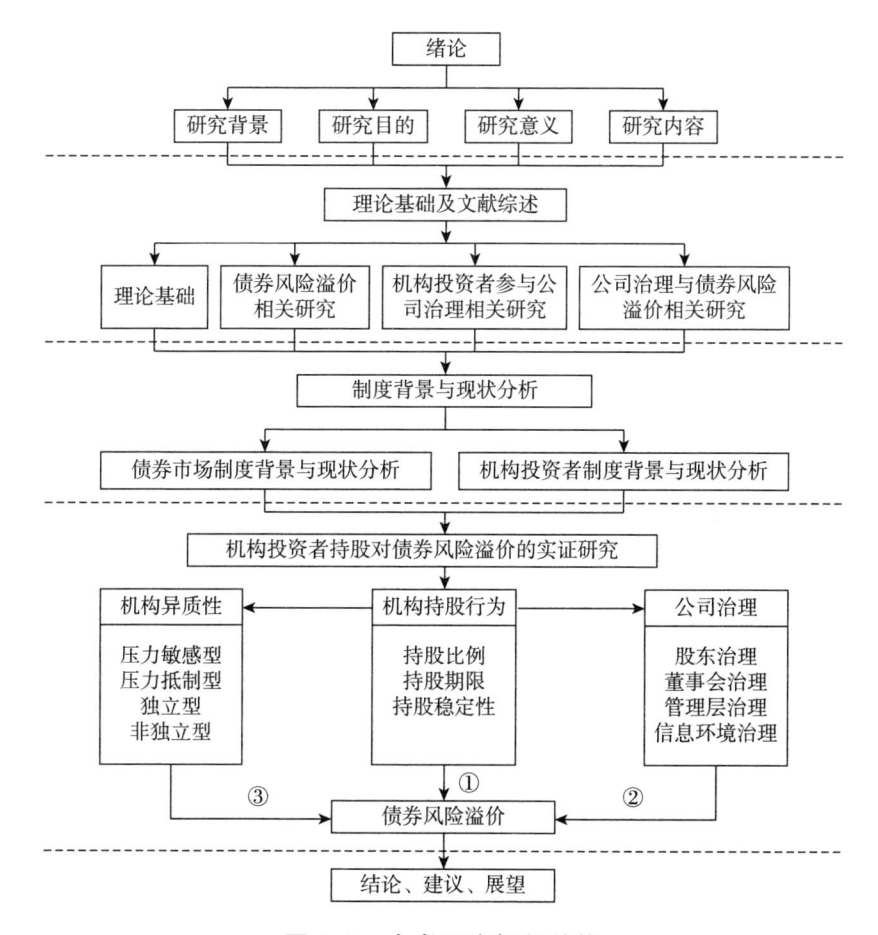

图 1.1　本书研究框架结构

结构能体现相关利益者利益诉求，影响债券投资者对公司违约概率的估计，影响债券风险溢价。因此，本书以公司治理为视角，探讨机构持股行为通过公司治理对债券风险溢价的影响路径，具体实证研究在本书第五章。

第三条研究路线：异质性视角下机构持股对债券风险溢价的影响。部分机构投资者由于与被投资公司存在商业关系，独立的监督作用不能得到完全发挥，而且有些机构投资者受政府影响较

— 9 —

大，治理作用不明显。本书按照两种方法将异质性机构投资者分为压力抵制型和压力敏感型，独立型和非独立型，验证机构投资者在受影响情况下不同的持股行为对债券风险溢价的影响，具体实证研究在本书第六章。

第三节　研究方法

本书采用实证研究与规范研究相结合、定量与定性分析相结合的方法进行研究。在传统的代理理论、信息不对称理论、信号传递理论等基础上，结合我国经济发展状况和制度背景，采用科学化、规范化的研究方法进行研究。

1. 文献研究法

对机构持股与风险溢价领域相关文献的回顾和述评是开展本书研究的前提和基础。通过文献研究，我们可以对研究问题的现状有清晰的了解，研究解析国内外学术界主要的研究思路、研究框架及其局限性。并在此基础上进行机构持股、公司治理、债券风险溢价关系的针对性梳理，这有助于找到本书的研究空间，并为后续的实证研究提供文献支撑。

2. 规范化研究法

综合管理学原理和经济学原理的基本观点和抽象概念，通过理论分析和逻辑分析推断出相应的结论。债券融资作为证券投资学的重要组成部分，其运行规律和表现形式具有一定的复杂性，本书以第二章的理论基础为依据，通过总结和梳理债券风险溢价、机构投资者持股和公司治理相关文献，把握投资行为中存在的内在本质规律。同时，在第三章中分析相关研究的发展现状和制度背景，从外在明晰机构投资者行为和债券运行的表现形式。规范化研究方法的使用，为本书研究的进行提供基础保障。

3. 实证研究法

在对已有理论推断的基础上，采用实证研究方法，基于实际的证券和财务交易数据对理论推导出的假设进行验证和归纳。数据来源于国泰安数据库、Wind 数据库、CCER 数据库。使用 Excel、SPSS、Stata、EViews 等计量软件进行相关性分析、多元面板回归分析等，深入剖析机构投资者持股行为对债券风险溢价的影响及其背后隐含的深层诱因。实证研究有利于相关研究工作及研究成果的精细化和实用化。

第四节　创新之处与研究意义

一　创新之处

本书基于公司治理的视角，从理论和实证两个方面研究机构投资者持股行为对债券风险溢价的作用机制，具体有如下几个创新之处。

（1）本书扩展了研究视角。机构投资者作为重要的流通股股东，越来越能影响公司治理活动，但现有研究大多基于股票市场上机构投资者的积极作用和消极作用，很少考虑到机构投资者的治理作用对债券市场的影响。债券市场是资本市场的重要组成部分，机构投资者的治理作用有利于平衡大股东、中小股东、管理层、债权人的利益，最终达到相关利益者价值最大化。因此，本书以我国上市公司发行的债券为研究样本，以机构投资者持股行为为研究视角，深入分析和探讨机构投资者持股的动因，丰富机构持股治理作用相关研究。

（2）现有文献在研究机构投资者的治理作用方面，往往进行机构投资者整体持股比例单一指标分析。事实上，机构投资者由于在投资目标、投资理念、社会责任、投资经验等方面存在较大异质性，不同持股特征表现出不同的公司治理作用。针对该问题，本书从多维度分析其对公司治理的影响，同时考虑到公司治理体系方面，深入研究机构持股异质性的治理作用对债券风险溢价的影响。本书的研究可以为债券投资者提供估值依据，也可以为公司股东和管理者提供治理依据。

（3）以往学者从宏观经济、信用风险、流动性风险等方面探讨债券风险溢价，较少突出体现潜在公司治理结构产生的相关利益者代理冲突对债权人的利益侵占行为。机构投资者作为重要的股东，其专业化投资背景可以影响公司治理水平。本书以机构投资者为视角突出公司治理结构中相关利益者代理冲突，具体全面地分析债券持有者识别自身受到潜在利益侵占的问题，通过价格保护来影响风险溢价，完善了债券投资者风险识别的研究。

二 研究意义

1. 理论意义

（1）已有学者对机构投资者持股行为进行研究，但是尚未形成统一的结论：一方面认为机构投资者有能力解决信息不对称的问题，有利于投资者评估企业价值，另一方面认为机构投资者可能为了短期利益与管理层发生串谋掠夺财富。究其原因，就是没有全面考虑机构投资者不同的投资目的产生的持股行为特征。因此，本书从机构持股的三方面特征全面分析不同的持股行为是否能引起债券投资人产生风险敏感性，并最终表现在债券风险溢价上。本书丰富了机构投资者治理作用和债券风险评估的相关研究。

（2）现有研究已经证实了机构投资者持股能够影响公司业绩，同时具有一定的公司治理作用。但在考虑机构投资者的治理作用时，大多数研究仅仅考虑机构持股数量这一单一指标对公司内部治理的经济后果。其实，持股行为特征不同的机构往往表现出不一致的治理行为，而治理行为的结果往往又影响到公司违约风险和债券溢价。因此，本书全面分析机构投资者三方面的持股行为特征和公司四方面的内部治理，全面分析机构持股行为通过公司治理对债券风险溢价的影响，丰富了机构持股、公司治理和债券溢价的相关影响研究。

（3）本书的研究有助于丰富机构投资者积极主义和消极主义行为动机理论研究。出于不同的投资目标和投资理念，积极的机构投资者可以有效提高公司治理水平，同时保护中小股东和债权人的利益，消极的机构投资者不仅起不到监督作用，往往还加剧了对债权人利益的侵占，提高了企业违约风险。

2. 现实意义

（1）基于对我国机构投资者的发展现状分析，考察了在国家层面政策支持下债券市场是否得到了良性发展，为政策制定者推动公司债券融资提供了指导。同时，基于对我国机构投资者的现状与持股动因分析，探究了机构持股行为究竟是出于提升公司价值的积极动因还是出于短期利益掠夺的消极动因，为以后机构投资者治理效应的相关研究提供支持。

（2）基于机构投资者持股对债券风险溢价的影响研究，探究了机构投资者的不同持股目的和行为具有的监督作用和侵占作用，使债券投资者意识到即使外部监管欠缺的情况下，他们也可以识别自身面临的剥削风险，通过价格保护来保护自身的利益。进一步考察产权性质与持股集中度的影响，为加强投资者保护和提高公司治理水平提供依据。

（3）基于公司治理视角下机构持股对债券风险溢价的影响研究，探究了机构投资者持股是自身具有治理作用还是通过公司治理路径影响债券风险溢价，为公司改善治理结构提供依据，同时有利于债券投资者识别机构投资者持股意图。

（4）基于机构异质性与持股特征对债券风险溢价的影响研究，探究了机构投资者持股是否能受到其他关联方的影响，为投资者分析机构持股传递的信号提供了经验证据。同时对于政策制定者优化资本市场配置效率、增强机构投资者监督作用起到了现实作用。

第二章
理论基础及文献综述

本章将对本研究所涉及的相关基础理论以及已有研究文献进行分析与梳理。理论基础方面，详细介绍代理理论、信息不对称理论和信号传递理论的发展，并且结合本书的研究阐述相关基础理论在本书研究的应用与拓展。文献综述方面，为了能够厘清机构投资者持股是如何发挥其治理效应以及通过公司治理来影响债券风险溢价的，本章梳理了债券风险溢价、公司治理与机构投资者持股的相关研究，为本书的研究奠定了理论基础，同时为下文的研究提供了参考与支撑。

第一节 理论基础

一 代理理论

在20世纪60年代至70年代初期，经济学家研究了群体间的风险分担问题（Arrow，1971；Wilson，1968），这些学者将风险分担问题描述为当合作各方对风险表现出不同态度时就会出现各利益相关者风险分担冲突问题。代理理论扩大了风险分担的研究范围，提出当合作各方有不同的目标和分工时产生的利益与风险成本的冲突称为代理问题（Jensen and Meckling，1976；Ross，1973）。代理理论存在于各种合作关系中，即委托人将工作委托给代理人，代理人负责执行该项工作。最常见的是应用于公司治理，如薪酬激励（Parks and Conlon，1995）、企业收购（Amihud and Lev，1981）、董事会关系（Fama，1980）、股权结构和资本结构（Agrawal and Mandelker，1987）。代理理论关注代理关系中委托人和代理人愿望或目标产生冲突的问题，以及委托人难以核实或以高昂的成本核实代理人实际在做什么而产生的问题。代理理论最核心的问题就是委托人不能充分验证代理人的行为是否符合委托人的既定要求。现代企业由于所有权和经营权分离而产生代理关系，这时代理理论反映了从事契约行为的所有者和经理人的基本结构关系，描绘出他们不同的目标和不同的风险态度，指导相关利益者设计一种最优策略从而使关联方利益最大化。

公司治理层面的代理理论从信息经济的根源出发，主要研究上市公司股东和管理层的第一类代理问题（Jensen and Meckling，1976）以及大股东和小股东的第二类代理问题（La Porta et al.，2000）。该理论的研究者主要致力于确定所有者和经理人可能存在的相互冲突的目标，然后研究限制代理人自利行为的治理机制，其最关心的是描述和解决代理问题的治理机制。代理理论关于治理机制存在两个命题。第一个命题是基于结果的契约激励在遏制代理机会主义方面是有效的。这种观点认为，契约激励可以把代理人的偏好与委托人的偏好联系在一起，因为两者的回报都依赖于同样的目标结果，因此委托人和代理人之间的自我利益冲突就减少了。例如，Jensen 和 Meckling（1976）探索了公司的所有权结构，包括对管理者的股权激励如何使管理者的利益与所有者的利益一致。第二个命题是高效的信息披露系统遏制了管理层的代理机会主义。这种观点认为，由于高效的信息系统可以准确记录代理人的实际行为，所以代理人很可能会主动减少自身的机会主义行为，他们会意识到其行为会被准确记录致使其欺骗不了委托人。例如，Fama（1980）讨论了有效的资本和劳动力市场作为信息机制的效用，这些信息机制被用来控制高层管理人员的自利行为。

除股东与管理层之间的第一类代理问题和大股东与小股东之间的第二类代理问题之外，作为公司重要的利益相关者——债权人的利益需求同样重要。当股东、管理层和债权人对风险的态度不同时，就会产生风险分担冲突问题。由于不同的风险偏好，股东、经理人和债权人可能偏向于不同的行为决策。假设债权人认为企业未来面临不确定性，即未来可能面临繁荣、破产或者中性结果，企业未来价值往往受到宏观经济、政府监管、公司战略的影响，这意味着结果的不确定性以及接受风险意愿的差异会影响委托人和代理人之间的利益关系。债权人不同于股东和管理层，由于其不是公司的所有者和管理者，往往无法介入公司治理，对公司的决策和风险控制行为影响力较低，因此其面对风险的态度是敏感的，他们不像股东，不能分享全部公司潜在价值提升得到的收益。这种根本的不同导致了股东和债权人面对风险的态度是不一样的，代理问题由此产生。

自 20 世纪 80 年代起，随着机构投资者越来越趋向专业化，他们的持股规模逐渐扩大，理论知识储备和投资技术日渐丰富和成熟，机构投资者在公司治理中扮演着重要的角色。机构投资者由于持股目的不同，其作为监督者还是侵占者在公司相关利益者关系网络中表现出来的代理关系存在异质性。机构投资者作为股东，可以通过以结果为目标的契约机制和以监督为目标的高效信息收集减少经理人的短视行为和"隧道行为"，同时债券投资者同样获益，但是有时候出于短期利益最大化的目的机构投资者可能与管理者发生串谋，损害债权人的利益，提高代理成本。另外，机构投资者作为最大的流通股股东，独立于控股股东和中小股东，机构投资者有能力与内部控制人抗衡，抑制内部控制人掏空行为，减少内部控制人与外部投资者之间的代理成本，同时提高公司价值，降低违约风险，但如果机构投资者为了短期利益与内部控制人串谋则结果刚好相反。公司的相关利益者都是以自我利益为基础的，机构投资者参与公司治理必然是多方博弈的结果。本书以代理理论为理论基础，在此之上研究机构投资者在公司代理关系中起到的重要作用，同时关注债权人的利益诉求，全面详尽地分析相关利益者之间的代理冲突及其如何最终表现在对债券风险溢价的影响上。

二　信息不对称理论

代理理论最本质的问题就是委托人与代理人之间存在着信息不对称，造成委托人不能充分验证代理人的行为是否符合委托人的既定要求。信息不对称理论是对代理理论本质的说明。信息不对称广泛存在于资本市场中，投资者基于公开信息和私有信息进行投资决策。由于信息存在私密性，也就是说不同的人知道不同的事情，信息不对称就会发生，信息不对称会出现在信息持有者和可能做出更好决策的信息需求者之间（Stiglitz，2002）。传统经济学模型都基于一个基本假设，就是经济人都是理性的，拥有完备的市场信息并且没有摩擦,然而现实中的信息不对称却不能被忽略。尽管众所周知信息是不完善的,但是传统经济学家们基本上认为信息不完善的市场会像信息完善的市场一样具有可行性(Stiglitz,2000)。但 Akerlof 等(2001)因其在信息经济学方面的研究获得了 2001 年诺贝尔经济学奖,由此,许多学者发现信息不对称理论揭示了许多传统经济模型效用的有限性。不对称信息可能导致逆向选择,形成经济租,引发寻租行为。关于逆向选择的经典文献是 Akerlof 于 1970 年提出的"柠檬市场"理论,它把信息问题带到了经济理论的前沿。该学者研究的对象是二手车市场,该理论认为卖方比买方更能详尽地了解汽车的使用状况,买卖双方之间存在信息不对称,所以买方需要采用平均定价或者折价的价格保护方式来避免信息不对称给自己带来的风险。这种定价方式的结果是,质量较好的二手车收益较低,质量较差的二手车存在信息欺骗导致买方进一步压低价格,恶性循环最终导致交易失败,甚至出现市场失灵。

自 Akerlof 等(2001)的开创性贡献以来,已经有许多学者研究了信息不对称在市场中的普遍影响。尤其是会计领域的相当一部分研究可以用信息不对称的理论来进行,因为会计涉及企业信息的传递,从那些有信息的人传递给需要决策的人。同样,金融经济学家将信息不对称理论应用于差异化信息金融市场参与者的研究(Garmaise and Natividad,2010)。目前资本市场中的信息不对称主要表现在公司与投资者之间、企业与企业之间、所有者与经理人之间、内部控制人与债权人之间等。信息经济学认为,交易双方间存在的信息不对称情况导致双方对标的资产的估价不同,影响到市场运行效率,增加了公司成本。我国债券市场发展缓慢,同时信息披露机制不健全,信息披露质量较低,债券投资者与内部控制人之间的信息不对称程度较高。债券市场的信息不对称主要存在于两个方面：一类是债券投资者与发债企业之间，如果债券投资者不能凭借现有的信息确定公司最真实的企业价值，根据结构化模型，他们不能准确计算出这家公司的违约风险，自然就会提高债券风险溢价保护自身的权益（Zhang，2006）；另一类是在二级市场上债券投资者之间，资本市场中投资者之间掌握的信息不是一致的，知情者比非知情者更能准确估计企业风险，知情交易和非知情交易能够影响债券到期收益率（Duffie and Lando，2001）。机构投资者的积极主义行为能够加速信息披露，从而降低信息不对称程度，他们基于私有信息和通过"退出"进行监控的短期机构交易创造了一个更加透明的信息环境，从而降低了债券持有人的成本，同时反映在较低的信用风险溢价上（Chang and Gurbaxani，2012）。

三 信号传递理论

信号传递理论根植于信息不对称的观念，也就是说在交易过程中，由于交易双方掌握信息的不平等、不对称，扰乱了正常的商品和服务交换市场。Michael Spence 在其1974年发表的重要文章中提出，交易双方可以通过让一方发出一个信号，向另一方透露一些相关信息来解决信息不对称的问题，然后信息得到方综合考虑解释信号并相应地调整投资行为。许多管理学学者运用信号传递理论来帮助解释信息不对称背景下公司治理、公司战略等问题。对公司治理的研究表明，CEO们可以通过可观察的财务报表的质量向潜在投资者表明公司未来企业价值的增长潜力（Zhang and Wiersema，2009）。还有研究人员使用信号传递理论来解释公司如何使用异质董事会向公司利益相关者传达公司的社会责任履行情况相关信息（Miller and Triana，2009）。

信号传递理论涉及三个元素：信号传递者、信号接收者、信号本身。信号传递者，拥有个人信息、产品信息、公司信息等私人信息，这些信息通常是外部人很难获取或无法获取的。因为信号接收者和传递者之间存在部分利益竞争，道德较低的信号传递者有"欺骗"的动机，故意制造虚假信号，以便接收者选择它们（Johnstone and Grafen，1993）。例如，经理人为了个人声誉或是薪酬业绩目标，在监督激励不健全的环境下，可能采用盈余管理的方式提高企业业绩，其作为企业盈利信息的信号传递者，将经过修饰的业绩数据传递给股东和债权人等相关利益者。信号本身，具有积极性和消极性。内部人士既可以获得正面的，也可以得到负面的私人信息，他们必须决定是否把这些信息传达给外部人。信号接收者是缺乏有关组织信息的外部人员，但希望得到这些信息。一旦接收者接收到信号，并用它成功地做出明智的选择，他们更希望在未来看到类似的信号（Cohen and Dean，2005）。但是传递者和接收者也有部分利益冲突，这样成功的欺骗会以牺牲接收者的利益为代价使传递者受益（BliegeBird et al.，2005）。在资本市场中，个人投资者往往不具备专业化的理论和实践背景，债权人不是公司的所有者和实际控制人，对公司决策的影响不如公司内部控制人，其投资往往表现出搭便车行为和从众行为。机构投资者持股较高的公司释放出一种积极信号，债权人会认为机构投资者持有上市公司股份暗示着该公司盈利能力高过其他公司，作为信号接收者的债权人通过综合评估和分析最终在债券收益率风险溢价上进行信号反馈。机构投资者的短期和不稳定持股释放出消极信号，意味着公司长期利益受到损害，当债券投资人捕捉到这种信号，会加大相应未来债券风险收益以平衡未来损失。

第二节 文献综述

一 债券风险溢价相关文献

通常情况下,企业债券到期收益率高于同期限的国债。收益差价部分是企业债券的违约风险所致。许多学者对此进行研究,目前影响债券风险溢价的主要有信用风险、流动性风险和宏观经济风险。

1. 信用风险与债券风险溢价的相关文献

信用风险是指交易对手未能履行约定契约中的义务而造成经济损失的风险,是影响债券收益率的重要原因之一。信用风险评估起源于 Black 和 Scholes（1973）及 Merton（1974）的结构方法,之后为许多研究人员所推广,这种方法假定企业发行的债券是零息债券,当企业资产价值低于债券面值时,企业发生违约。在结构框架内的许多研究观察到的债券投资者风险溢价仅可以在一定程度上用信用风险来解释。如 Longstaff 和 Schwartz（1995）、Leland 和 Toft（1996）表明,结构模型估计的债券风险溢价要高于实际观测到的风险溢价。

基于企业价值结构模型研究得出的结论是,信用风险不可能完全解释观察到的企业债券收益率差距,考虑到企业特征和宏观经济因素的扩展结构化模型可以提高信用风险对债券风险溢价的解释程度。诸如不完整的会计信息（Duffie and Lando，2001）、资产价值波动（Zhou，2001）、分析师预测分歧度（林晚发等,2013）等会产生高风险溢价。根据信息不对称理论,如果公司和投资者掌握的信息量差距较大，那么债券投资者就不能很好地估计公司的价值和违约概率，他们就会要求较高的风险溢价来实施价格保护。如 Miguel 和 Pindado（2001）认为无形资产更不易于评估其价值，他们用无形资产占总资产账面价值的比例代表信息不对称的程度，说明了信息不对称程度与债券利差负相关，国内学者周宏、林晚发等（2012）也引用了这个指标得到了相同的结论。在结构模型中，公司价值小于债券价值被视为公司发生违约。Jarrow 和 Turnbull（1995）利用现金流贴现率方法直接对债券进行估值，并且求解公司的瞬时违约概率。该方法不再依赖于估计企业价值，违约事件取决于企业外生变量，有效改善了难以准确估计企业价值导致的模型拟合不精确的问题。Duffie 和 Singleton（1999）进一步扩展该研究，他们证明了在给定违约概率的前提下，无风险债券的结构模型在经过调整之后完全可以应用于含有违约风险的企业债券的定价。Driessen（2004）在此基础上考虑了个体违约因素和利率因素，同时引入了流动性、税率等共同违约因素，证实了信用风险能显著提高债券风险溢价。

2. 流动性风险与债券风险溢价的相关文献

信用风险虽然能影响债券风险溢价，但是信用风险因素却只能解释债券风险溢价的 54%，在高信用级别的债券中信用风险的解释力度较差（Avramov et al.，2007）。最近的一些研究指出，基于结构化模型的信用风险因素不能完全解释企业债券的收益率差异（Huang and Kong，2003）。而且 Longstaff 等（2005）认为流动性不足可能是这些模型无法更好地捕捉收益率差异的解释。关于流动性为什么能够影响债券风险溢价，主要有两个观点：①有价证券非流动性造成较高的交易成本；②流动性本身可能产生额外的不确定风险。

交易成本观点认为，非流动性证券必须为投资者提供更高的期望收益，以补偿其较大的交易成本，从而控制基本风险，即对于流动性较差的债券，风险调整的预期收益必须更高。这个观点首先由 Amihud 和 Mendelson（1986）提出，Lo 等（2004）在此基础上进一步认为流动性成本会降低交易频率。投资者不能持续对冲风险，因此通过降低证券价格来要求事前风险补偿溢价。因此，对于相同的承诺现金流量，流动性较差的债券交易频率较低，价格较低，收益率差距较大。而且市场微观结构模型表明，交易成本导致证券之间的流动性差异，非流动性证券的预期收益率高于流动性证券（Boudoukh and Richardson，1993；Vayanos，1998）。Goldreich 等（2005）通过调查预期流动性对证券价格的影响重新进行这一分析，他们分析了美国国债的价格变动情况，并表明流动性溢价取决于剩余期间的未来流动性预期。

流动性风险观点认为，流动性对债券收益率溢价的影响不仅是因为它造成了较高交易成本，而且因为它本身就是风险的来源，由于投资者关注的是净收益，随着时间的推移交易成本的可变性会影响证券的风险（Pástor and Stambaugh，2003）。例如，Pagès（2001）采用简化模型从二级市场的债券价格和 Libor 利率中揭示了主权违约风险如何依赖于时间效应。结果显示，将流动性风险包含在违约风险中可能导致错误指定的模型，同时债券风险溢价与违约免息利率也会在很长的时间内导致负面的违约概率的发生。另外，Aydemir 和 Gallmeyer（2006）提出了一个流动性风险模型，表明目前的交易量是未来流动性风险的预测因素，可以影响债券收益率。Chen 等（2007）基于三种流动性指标发现企业债券流动性与风险溢价之间存在显著的相关性。根据流动性指标，流动性本身可以解释投资级债券收益率7%的截面变化，以及投机级债券收益率22%的截面变化。

流动性是资本市场参与者之间进行的交易活动的属性,流动性是一个多维度的概念,包括市场的宽度、深度和弹性三个维度的内容(Kyle,1985)。一般来讲,在衡量流动性时主要考虑三方面内容:交易即时性、交易规模和交易成本。交易即时性,是指交易双方用更短的信息收集时间和更短交易时间完成交易活动。债券是一种低流动性的有价证券,其交易持续时间一般较长,可以用交易频率和交易时间来衡量。如用债券换手率(Goyenko et al.,2009;巴曙松、姚飞,2013)、零交易天数(Goyenko et al.,2009;闵晓平等,2011)等指标表示债券的流动性。交易规模,一般在债券初始发行期间其交易规模较大,随着时间的推移债券交易规模减小。交易量小意味着低流动性,可能导致较高的存货成本和交易成本。Chakravarty和Sarkar(2003)对美国企业债券的研究发现,交易量和买卖价差之间存在显著负相关关系。国内学者梁朝晖等(2015)同样使用交易量来表示债券流动性风险,得到了一致的结论。对于交易成本的衡量,最经典的方法来自Roll(1984)提出的协方差估计,Hasbrouck(2009)基于贝叶斯估计方法对Roll的协方差估计进行了改进。债券市场与股票市场不同,主要具有低频流动性,Schestag和Schuster等(2016)利用日内最高价和最低价所形成的价格极值提出了High-Low估计。流动性风险是影响债券风险溢价的重要因素,但是不能完全解释溢价部分,Jones等(1984)的早期研究认为,纳入一些宏观因素可以充分解释观察到的长期债券收益率差距。

3. 宏观经济风险与债券风险溢价的相关文献

企业不是一个独立的个体,往往受到整个宏观经济的影响,除了流动性,影响中国企业债券价格的另一个重要因素是宏观经济的波动（王雄元等，2015）。前人从如下几个方面较为全面地探讨了宏观经济因素对债券风险溢价的影响。

经济增长方面，持续、稳定和高速的经济增长表明经济发展势头良好，企业利润持续上升，人们对经济形势形成了良好的预期，投资的积极性得以提高，增加了对证券的需求，也促使债券价格上涨，债券风险溢价降低。国内外学者使用国内生产总值GDP（Black et al.，2013）、采购经理人指数PMI（Lindsey and Pavur，2005）、宏观经济景气指数MRXY（于静霞、周林，2015）、商品价格指数CRB（梁朝晖等，2015）等描述经济增长，结果与预期一致，经济环境出现利好，能够降低公司未来承担的风险，使债券投资者降低了要求的风险溢价。另外，经济增长会呈现周期性波动，在经济繁荣期，企业破产的可能性较小，从而企业债券违约的概率小，债券风险溢价低。Guha和Hiris（2002）同时考察了经济扩张期和经济衰退期企业债券风险溢价的变化，研究结果发现，在经济扩张时期，公司信用评级提高，风险溢价降低，在经济衰退时期，公司信用评级下降，风险溢价上升。类似的，国内学者周宏等（2011）实证研究说明金融危机能够提高债券风险溢价。

市场波动方面，股票波动率描述了整个资本市场的经济状况：一方面，期权价值随着波动率的提高而提高，依据结构化模型，债券风险溢价也会随着波动率的提高而提高；另一方面，股票市场风险会影响资金在资本市场中的配置，较高的股市波动率会使较多的资金流入更加安全的债券市场和货币市场，从而使债券风险溢价降低（Huang and Petkevich，2016；周宏、徐兆铭等，2011；赵静、方兆本，2011）。学者使用了不同的方法来衡量股票市场波动率，如采用上证综合收盘指数的环比增长率和深证综

第二章 理论基础及文献综述

合收盘指数的环比增长率的平均数（周宏、徐兆铭等，2011）、每个交易数据前 180 日（不包括当天）的市场指数的每日收益的标准差（Campbell and Taksler，2003）、道琼斯中国 88 指数的标准差（戴国强、孙新宝，2011）等。

利率方面，债券实际利率等于无风险利率加上各种影响违约风险的风险溢价利率。国债利率灵敏地反映了即期利率的变化，反映了市场整体资金供应情况，资金供应增加，则利率下降，公司违约风险下降，债券风险溢价降低；即期利率上升意味着投资回报率的提高，从而公司未来价值提高，违约风险下降，进而债券风险溢价降低（Collin-Dufresne and Goldstein，2001）。根据利率期限结构理论，在国债收益率曲线上，长端利率反映了未来即期利率，如果国债收益率曲线变陡了，就是斜率增大了，预示经济向好，未来利率升高，风险溢价降低。Collin-Dufresne 和 Goldstein（2001）使用 10 年期与 1 年期的银行间固定利率国债到期收益率差值作为收益率曲线斜率替代变量，实证检验结果与预期一致。另外，汇率市场的变动是宏观经济的指标之一，本币兑换外币的汇率上升，则说明本币相对于外币贬值，对于本国的经济来说有利于对外贸易的发展，增加贸易收入，有利于本国整体经济的增长，降低企业债券风险溢价（孙克，2010）。

货币政策方面，其是影响市场供求关系和投资行为的重要因素，扩张型货币政策意味着预期未来经济增长势头良好，投资者风险敏感性偏好降低，进而针对债券市场要求的风险溢价降低，反之亦然（王安兴、杜琨，2016）。Cenesizoglu 和 Essid（2012）发现，美国企业债券风险溢价与货币政策目标利率的预期变化成正相关关系，预期的紧缩货币政策会导致目标利率迅速上升，债券风险溢价上升。Beckworth 等（2010）使用向量自回归方法检验了货币政策冲击对企业债券风险溢价的影响，认为货币政策对债券风险溢价的影响是以公司违约风险和流动性风险为作用路径的，并且货币政策与债券风险溢价呈负相关关系。通货膨胀是货币政策的一个重要反映指标，国内学者戴国强、孙新宝（2011）使用 CPI 描述通货膨胀程度，结果表明 CPI 的升高会增加消费支出，投资者倾向于选择更加保守的投资策略，对同等程度的违约风险会要求更高的溢价补偿，同时对企业债券的需求也相应减少，进而使债券风险溢价提高。类似的，PPI 升高使企业成本增加，产品价格提高，人们对未来预期的不确定性增大，风险厌恶程度也随之加大，从而减少了对企业债券的需求，致使债券风险溢价提高（于静霞、周林，2015）。

现有研究从信用风险、流动性风险、宏观经济风险等方面说明了债券风险溢价，债券风险溢价基本上取决于企业无法履行其债务义务的可能性，以往的研究大多考虑了公司财务层面信息，并没有深入研究公司治理结构特征所导致的股东与债权人、管理层与债权人的代理冲突。事实上，由于收益结构的不同，股东和管理者可以分享公司价值提升所带来的全部收益，但是债权人在承担风险的同时却获取较低的收益，机构投资者作为特殊的股东，其积极主义监督行为是保护债权人利益的一个治理机制，但是短期和不稳定机构投资者却可以和股东及管理层发生串谋损害债权人的利益。所以，本书从公司治理角度出发，通过研究机构投资者的持股行为，分析相关利益者代理冲突问题及其如何最终体现在债券风险溢价上。

二 公司治理与债券风险溢价的相关文献

债券风险溢价基本上取决于企业无法偿还其债务的可能性

（即违约的可能性）以及在这种情况下向贷方提供的保护程度。现有的研究已经确定了公司的几个财务风险特征和债务发行特征能够影响债券风险溢价（Cohen，1962；West，1970；Kaplan and Urwitz，1979；Weinstein，1981）。但是，公司违约的可能性还取决于准确评估违约风险的信息可靠性和代理成本。公司治理机制可以从两个维度影响对违约概率的评估（Bhojraj and Sengupta，2003）。

第一个维度称为"代理风险"，这代表了管理层、大股东为了自身利益而采取偏离企业价值最大化的行为。管理层、大股东为了私人收益可能剥夺少数股东和债权人的利益（Jensen and Meckling，1976），采取最大化短期回报而不是长期回报的决策（DeAngelo and Rice，1983；Dechow and Sloan，1991；Murphy and Zimmerman，1993），并且为了扩大和增加公司规模和可能的总薪酬而进行潜在的无利可图的投资（Murphy，1985；Jensen，1986）。已有研究表明，公司治理机制能降低代理成本，治理水平更高的公司应该与优质债券评级和低风险溢价相关联（Huang and Petkevich，2016）。Anderson 等（2003）研究了股权治理结构和债务成本之间的关系，他们认为股权治理结构是公司治理最有效的方式，通过实证检验发现，家族企业上市公司的债券风险溢价较低，因为创始家族更加看中家族的名誉价值，更可能发挥其监督作用，从而减少管理层和股东的机会主义代理成本。欧阳励励等（2014）用两权分离度来表示公司的代理成本，发现公司控制权与现金流权分离程度越高，企业债券风险溢价越高。戴子礼和张冰莹（2013）实证分析了企业 R&D 投入、股东及债权人之间利益关系。研究结果表明：在高违约风险企业中，股东多利用资产替代行为侵害债权人利益，R&D 投入与企业下一年债券风险溢价显著负相关。

第二个维度与"信息风险"有关。企业内部控制人与外部投资者之间存在信息不对称,这些不对称的信息影响对债务违约风险的评估,容易造成风险溢价。治理机制可以通过诱导公司及时披露信息来帮助降低信息风险。Ajinkya 等(2005)证明,基于公司信息披露的信用评级与机构持股比例正相关。Healy 等(1999)同样表明,披露评级的持续提升导致机构所有权水平的提高以及信息披露水平的提高。此外,Sengupta(1998)发现公司信息披露质量和债券评级(收益率)之间存在正相关关系,表明治理机制可以通过降低信息风险间接影响债券评级和收益率。Bhojraj 和 Sengupta(2003)认为,减少信息不对称能降低违约风险,加强公司治理可以减少成本债务资本,他们发现,拥有较高持股比例的机构投资者和较强外部控制的公司的债券风险溢价较低。国内学者周宏等(2014)将债券市场中的信息问题区分为一级市场上发债企业与投资者之间的信息不确定与二级市场上投资者之间的信息不对称,并实证检验了信息不确定、信息不对称与债券风险溢价的关系。结果表明,在控制债券以及企业层面相关控制变量的情况下,投资者在信息不确定与信息不对称两种情况下能获得显著的风险溢价。方红星等(2013)研究发现,上市公司自愿披露正面内部控制鉴证报告能够向外界释放高质量的积极信号,降低投资者面临的信息风险,从而使企业债券获得较低的债券风险溢价。

股东和管理者对债权人的利益侵占行为是同时存在的,而机构投资者的投资行为可以表现为积极的监督行为,从而帮助到债权人,降低投资风险溢价,反之机构投资者的消极侵占行为加剧了管理者和大股东的利益侵占。机构投资者作为最大的流通股股东参与公司治理能够影响大股东、管理者、债权人的利益。本书研究机构投资者的监督效应并全面分析机构投资者的治理作用。

三 机构投资者参与公司治理的相关文献

机构投资者随着持股比例的上升越来越能够介入公司治理，不同目的的机构投资者往往表现出不一致的持股动机，对公司治理的影响表现出积极的治理作用和消极的利益侵占。

1. 机构投资者持股与股东治理相关文献

国外学者表示，机构投资者作为持股规模较大的中小股东的代表，为了获得超额回报，有动机和能力监督内部人的控制行为，保护中小投资者的自身利益（Cheng and Degryse，2010）。在股权相对集中的情况下，控股股东控制了股东大会，极大地方便了大股东通过掠夺小股东利益的方式获取控制权私人收益（Lemmon and Lins，2003）。而机构投资者的长期持股能减少大股东的掏空行为，Chen 等（2007）从机构投资者持股时间方面验证其对大股东掏空行为的影响，持股时间越长，机构投资者获得的公司相关信息就越多，从而能够更准确地处理新信息，获取更多的经济利益，因此长期投资的机构投资者付出的监督成本更低、获得的经济利益更高。Woidtke（2002）从机构投资者持股稳定性的角度说明，稳定机构投资者持股通过监督作用减少大股东的资金侵占行为以达到长期利益最大化的目的，同时可以提高公司价值和公司业绩。但是持股时间短的机构投资者不关心公司治理，随时寻找机会套利，进行动量交易，致使机构投资者失去监督激励，对大股东掏空行为不予治理（Coffee，1991）。

国内学者在机构投资者持股与股东治理方面已有研究。刘妍和王利等（2014）基于大股东现金分红的视角，认为大股东侵占中小股东利益的重要手段可以通过减少现金分红得以实现，股权分置改革之后，大股东与其他中小股东一样，取得股票的成本相同，并且股票可以上市流通，此时大股东基本上不偏好现金分红，因为现金分红的对象是上市公司所有股东，大股东分得的只是分红总量的一部分，他们更偏好不分红，将有限的现金资源留存公司，处于自己的控制之中，以便于对这部分资源的侵占。彭利达（2016）同样以现金分红为视角，研究异质性机构投资者的治理作用，认为压力抵制型机构投资者在参与上市公司治理时，能够保持较强的独立性，能够积极参与上市公司的治理，对公司高管及大股东能够起到有效的监督与制衡作用，从而提升公司的业绩。对于压力敏感型机构投资者来说，其与上市公司的商业关系较为密切，获取利益的主要渠道是与上市公司结成的商业关系，他们更希望上市公司不分红，而将有限的现金资源用于与他们有关的商业活动，在公司治理事件中容易默许高管附和大股东，甚至与高管、大股东合谋，成为大股东"侵害"中小股东的旁观者或合谋者，共同损害中小股东的利益。国内已有学者就大股东的关联性交易展开研究，魏明海等（2013）将机构投资者分为高机构持股和低机构持股，并发现在低机构持股组中，关联大股东显著负向影响企业价值、显著正向影响关联交易，说明机构投资者持股作为一种股东治理机制可对关联大股东的行为产生一定的监督和制约作用。王琨和肖星（2005）的研究发现，在前十大股东中存在机构投资者的上市公司被关联方占用的资金显著少于其他公司，同时机构投资者持股比例的增加与上市公司被关联方占用资金的程度显著负相关，说明了机构投资者持股能有效降低我国上市公司资金被关联方占用的程度。

2. 机构投资者持股与董事会治理相关文献

国外研究表明,机构投资者能够加强董事会的治理作用。董事会治理是确保股东利益的重要方式之一,也是公司治理的重要组成部分。长期以来,股东建议被认为是推动治理改革的重要机制(Bebchuk and Cohen,2005)。董事会的独立性是有效实现其监督职能的必要条件(Lynall et al.,2003)。董事会的独立性越高,其监督激励越大,越能有效抑制管理层的"隧道行为",降低代理成本。如 Marais(1989)以公司杠杆收购为样本,探讨了机构投资者在企业并购活动中的作用,研究表明,拥有高机构投资者持股比例的被并购公司的债权人利益没有损失。Ajinkya(2005)也表示,拥有更多外部董事和机构所有权的公司更有可能发布公司未来财务风险的预测。机构投资者同样可以强化董事会对股东权益的代表性,缓和股东与管理层之间的冲突,相关独立董事也可以获得声誉上的回报和更多任职独立董事的机会(Ertimur et al.,2010)。当董事会面临来自股东的较大压力时,更有可能采纳股东大会的建议(Smith,1996;Del Guercio and Hawkins,1999)。Barber(2007)表明,对于拥有机构投资者理事会的公司,其董事会更有可能采纳股东大会的提案。

国内关于机构投资者对董事会的治理作用已有一些研究。韩晴和王华(2014)研究表明,董事会独立性的提高有助于机构投资者提高治理效率,独董险和机构投资者形成显著的共同治理效果。一方面,对于管理层代理问题,独董险与机构投资者的共同机制对管理费用率有显著的控制作用,形成对显性代理行为的有效监督;机构投资者对 ROA 有显著的提升能力,在一定程度上弥补了独立董事对隐性代理行为监督的不足。另一方面,独董险和机构投资者具有提高国有公司信息披露质量的作用。独董险可以强化对披露信息的监督动机，机构投资者有助于引入国有公司缺失的独立董事外部声誉约束。在信息监督过程需要较多时间和专业知识投入的情况下，两者对独立董事的激励作用形成互补。谢德仁和黄亮华（2013）研究发现，独立董事津贴与独立董事所在公司的代理成本之间存在正相关关系，机构投资者监督强化了这一正相关关系，并且这种关系主要出现在代理成本较低的公司。李志辉等（2017）研究发现，提高机构投资者持股比例和增加独立董事薪酬，可以削弱独立董事兼任的忙碌假说效应。

3. 机构投资者持股与管理层治理相关文献

国外学者针对机构投资者对管理层的治理作用研究已有一些成果。作为重要的股东，机构投资者在管理层治理方面扮演着重要的角色（Almazan et al.，2005）。有研究表明，机构所有权能显著影响高管薪酬水平（Beatty and Zajac，1994）、薪酬组合（Hartzell and Starks，2003）和薪酬激励（Eisenhardt，1989），这是因为机构投资者由于持股比例较高可能与管理层私下协商，以使管理层决策符合他们自身的利益（Carleton et al.，1998）。薪酬激励是最直接、最有效地增加高管对业绩敏感性的方式。有研究发现，机构投资者持股比例高的公司会主张主要基于业绩的薪酬考核，从而为股东创造更大的价值（Eisenhardt，1989）。管理层治理的另一重要作用就是减少高管出于个人目的对盈余进行粉饰的行为。所有权比例较高的机构投资者注重公司的长期利益，他们能够通过提高管理者投资长期盈利能力来遏制短视盈余管理行为（Dharwadkar and Goranova，2008）。而且之前的研究发现，拥有较大所有权的机构投资者的公司不太可能被证券交易委员会认定为会进行欺诈性操作（Dechow et al.，1996）。此外，Edmans（2009）认为机构投资者会看透管理层的盈余操控，并且阻止他们的行为。同样，Yeo等（2002）发现，机构投资者持股与盈余信息之间存在相关关系。

国内学者针对机构投资者对管理层的治理机制的研究较少，但在管理层薪酬和先进分红等方面取得了进展。刘涛等（2013）实证研究了机构投资者持股比例与公司管理层薪酬—绩效敏感度之间的相互影响关系。研究发现，我国机构投资者在现实中扮演的是"选择治理"的消极治理角色，并非"介入治理"的积极治理角色。由于机构投资者越来越倾向于参与公司治理，其作为上市公司外部大股东具有很强的独立性，能对公司实施有效的监督，他们可以通过参与制订薪酬计划，以合理并且符合市场化标准的薪酬调动高管层的积极性，促使高管人员更好地为公司服务，从而提高公司业绩（孙红梅等，2015）。韩亮亮（2016）对机构投资者在我国金融机构薪酬管制中的作用进行了研究，研究发现，投资主导型机构投资者持股比例与银行高管货币薪酬在非中央直管银行中显著负相关，业务主导型机构投资者持股比例与银行高管货币薪酬在非中央直管银行中显著正相关，这表明，在银行高管货币薪酬方案制定中异质性机构投资者会根据实际控制人的不同选择扮演"监督者"还是"合谋者"角色。齐鲁光和韩传模（2015）将管理权力理论纳入现金分红治理研究框架，并探究机构投资者在其中的治理作用。研究发现，机构投资者可以促进高管权力集中的上市公司的现金分红，减少高管权力集中产生的代理问题。

4. 机构投资者持股与信息环境治理相关文献

国外学者认为机构投资者往往被视作知情的代理人，由于其持股比例较高同时有专业化的投资背景，他们能够获得更多的有价值信息（Fehle，2004）。拥有私人信息的机构投资者的投资行为能降低公司与投资者间的信息不对称程度，改善信息投资环境，有利于资本市场的发展（Bozec and Bozec，2007）。Baik 等（2010）考察了股票市场中地理上相近机构的信息作用，发现当地机构持股比例高的公司信息不对称程度较低，其持股比例变化能显著影响公司未来股票收益率。Switzer 和 Wang（2017）的研究表明，机构投资者的监控服务可以改善信息环境，提升企业整体绩效，减少信息不对称，使债权人普遍受益。Edmans（2009）认为，短期机构投资者销售能力的提高完善了嵌入价格的信息，创造了更加透明的信息环境，对公司及其利益相关者有利。Kaniel 等（2008）对比个人投资者和机构投资者交易对股票收益率的影响，研究表明机构知情交易可以对抗个人内部交易，有助于使价格走向基本价值。Campbell 等（2009）从纽约证券交易所的知情交易和行情数据库中推断日常的机构交易行为，研究发现，机构知情交易频繁发生对近期股票日收益率有积极作用，但对长期日收益率有负面影响，说明机构投资者可以利用私有信息达到短期投资高额收益的目的。Chang 和 Gurbaxani（2012）也表明，短期机构投资者可以提高信息环境的透明度，允许企业以较低的成本发行债券。虽然直接内部监控或通过干预进行监控可以提高公司的价值，但有效的内部监控可能需要长时间的持续期才能实现潜在收益。

国内关于机构投资者在信息环境治理方面的研究较为深入，认为其积极作用主要表现在提高信息效率和信息透明度方面。信息效率方面，机构投资者由于持股比例的增加，有针对性的私有化信息收集激励加强，信息使用效率提高，但是伴随着机构投资者交易量的增加，机构投资者利用私有信息增持股份的信息和行为被更多的投资者获取和模仿，导致股价有偏离且所承载的私有信息减少，进而降低了信息效率（孔东民等，2015）。王咏梅和王亚平（2011）从机构投资者持有渠道和交易渠道的差别入手，发现机构持股比例越高，信息效率越高，市场的稳定性越好，而机构交易频率越高，信息效率越低，市场的稳定性越差。陶瑜等（2016）考察了不同类型机构投资者行为对股价同步性和信息效率的影响，发现各类型机构投资者影响存在差异，其中信托、养老基金和QFII的持股和交易行为都会降低股价同步性，有利于市场信息效率的提高。信息透明度方面，王亚平等（2009）研究了股价同步性与信息透明度之间的关系，以及机构投资者持股比例对这种关系的影响。研究结果发现，股价同步性与信息透明度的正向关系随着机构投资者持股比例的提高而被削弱，表明在中国股票市场上，股价同步性正向反映股票市场信息效率，而机构投资者能够提高股票市场的定价效率。陈小林和孔东民（2012）利用特有的机构投资者私有信息搜寻数据，研究了机构投资者的信息搜寻、透明度与私有信息套利的关系。研究发现，机构投资者的信息搜寻和信息披露透明度降低了私有信息套利，而且机构投资者信息搜寻、信息披露在私有信息套利严重的公司对降低私有信息套利的作用更加明显。甄红线和王谨乐（2016）研究表明，机构投资者能够有效减少信息不对称，公司现金价值边际递减，缓解公司的融资约束。赵涛和郑祖玄（2002）在中国股市机构与散户的博弈分析中发现，由于机构之间信息不对称程度远远低于机构与散户之间信息不对称程度，因此机构可以操纵上市公司基本面信息来影响股票交易价格，以获得超额收益。

以上研究说明，关于机构投资者介入公司治理后的作用方向，学者没有得到一致的结论。一些研究说明，机构投资者对公司治理产生了积极效果，抑制了大股东的"隧道行为"（魏明海等，2013）和管理层的机会主义行为（Eisenhardt，1989；Dechow and Sloan，1991），同时能加强董事会的监督作用（Bebchuk and Cohen，2005；Ertimur et al.，2010），在减少信息不对称方面起到了正向作用（Baik et al.，2010；王咏梅、王亚平，2011）。但是还有一些学者认为，某些机构投资者的目的仅仅是寻找套利机会，他们不关心公司治理，在公司业绩不良时选择"用脚投票"的方式，并不积极帮助公司提高业绩反而会加重企业危机（Parrino et al.，2003），而且中小型机构投资者还会存在搭便车问题（Grossman and Hart，1980），难以提高公司治理水平和降低代理成本。综合来看，机构持股是否真的对公司治理起到积极作用是一个值得深入研究的问题，现有文献并没有得出一致的结论。对此，本书将进一步深入研究。而且关于机构投资者对公司治理的作用学者没有得到一致的结论，究其原因就是国内大多数研究将机构投资者视为同质的，并没有考虑到机构投资者投资理念和目的的不同会导致他们的持股行为及其治理作用产生异质性。持股期限长的机构投资者更关注企业的长期利益，会积极抑制大股东的"隧道行为"和管理者的短视行为，实现企业价值最大化，降低企业未来的风险，降低债券违约风险溢价。而机构短期持股则更多表现为套利行为，不积极帮助公司改善业绩。对此，本书将全面考虑机构投资者的不同持股行为表现出的持股目的和治理作用。

本章小结

本章在基础理论框架下对相关研究进行系统的文献梳理，为后文的研究提供坚实的理论基础和文献支撑。首先，本章阐述了与本研究密切相关的理论基础，包括代理理论、信息不对称理论、信号传递理论，在此基础上说明机构投资者持股行为对债券风险溢价的重要性。其次，对债券风险溢价相关文献进行梳理，发现现有研究大多从信用风险、流动性风险、宏观经济风险等方面说明了债券风险溢价，但没有深入研究公司治理结构特征所导致的股东与债权人、管理层与债权人的代理冲突对潜在风险溢价的影响。再次，对公司治理与债券风险溢价的相关文献进行梳理，发现事实上股东和管理者对债权人的利益侵占行为是同时存在的，公司治理机制可以从信息可靠性和代理成本两个维度影响债券风险溢价，而我国市场监管不完善，投资者保护不到位，机构投资者作为最大的流通股股东，其治理结果能够影响大股东、管理者、债权人的利益。最后，对机构投资者与公司治理的相关文献进行梳理，发现学者关于机构投资者的治理作用没有得到统一的结论，究其原因是机构投资者目的不同，存在持股异质性，导致对债券风险溢价的差异化影响。为此，下文将从理论和实证方面验证机构投资者的公司治理作用及其如何影响债券风险溢价。

第三章
债券市场与机构投资者发展制度背景与现状分析

制度环境是影响债券市场和机构投资者发展的关键因素。本章在考虑制度背景的情况下，分别对债券市场的发展现状和机构投资者的发展现状进行了分析。研究发现，债券市场从起初到现在已经取得较大的发展，但是与股票市场和金融机构贷款仍有不小的差距，而且发展结构不合理。机构投资者在经历了三大发展时期后，在投资规模和投资领域方面已然成为我国资本市场上重要的决定力量。机构投资者越来越有能力参与公司治理，但由于投资目的和理念的不同，其持股行为表现出积极作用和消极作用，最终影响到债券风险溢价。

第一节 债券市场发展制度背景

1981年，我国国债开始恢复发行，从此以后中国债券市场开始正式发展。1981~1997年，主要是以银行柜台为主要场所的国债交易。随后，1998年，银行间债券市场建立，债券市场发展规模得以扩大。2004年以后，交易所债券开始发展，中国债券市场结构进一步得到发展和完善。由此可见，中国债券市场的发展经历了三个阶段（见表3.1）：初期债券市场（1981~1997年）、银行间债券市场（1998~2006年）、交易所债券市场（2007年至今）。

表3.1 债券市场发展制度背景

阶段	时间	事件
初期债券市场（1981~1997年）	1981年1月	国务院通过《中华人民共和国国库券条例》，决定发行国库券来弥补财政赤字
	1988年	形成了以银行柜台为交易场所的国债交易
	1995年	累计发行8种国债
银行间债券市场（1998~2006年）	1998年5月	银行间债券市场形成
	1998年10月	保险公司进入债券市场
	2000年	金融公司进入债券市场
	2002年	非金融机构进入债券市场
交易所债券市场（2007年至今）	2007年8月	证监会发布《公司债券发行试点办法》，降低上市公司发行债券限制

第一阶段初期债券市场（1981~1997年），该时期主要以国债发行为主体。1981年1月，国务院通过《中华人民共和国国库券条例》，决定发行国库券来弥补财政赤字。1988年，国债开始试点发行，此后国债交易规模不断扩大。截至1995年，国债累计余额达3300亿元。国债的发行目的主要有：平衡财政收支，通过吸收单位和个人的闲置资金帮助国家度过财政困难时期；筹集建设资金用于建设国家的大型项目，以促进经济的发展；为了解决偿债的资金来源问题，国家通过发行借换国债，用以偿还到期的旧债，这样可以减轻和分散国家的还债负担。

第二阶段银行间债券市场发展（1998～2006年），该时期除国债外，开始重视债券产品的多样化，因此银行间债券产品上市发行。1998年，银行间债券市场在中国人民银行牵头下开始交易。1998～2004年，证券公司、金融机构和非金融机构被批准成为银行间债券市场成员。银行间债券市场按发行主体分为国债、政策性金融债券、中信债。银行间债券市场由于交易主体都是大型机构，其发行规模和交易规模较大，已经在中国债券市场中占据主导地位。

第三阶段交易所债券市场发展（2007年至今），该阶段进一步优化债券市场结构，增加了企业债的发行，拓宽了公司的融资渠道，缓解了中小企业的融资约束。在2007年1月全国金融工作会议上，中国政府高层领导表态，要大力发展企业债市场，发行由审批制转向核准制，再加上会议之后推出的一系列新规定以及允许企业年金进入银行间市场等消息，充分释放出中国证监会对企业债券进行监管的信号。在2007年3月召开的第十届全国人民代表大会第五次会议上，《关于2006年国民经济和社会发展计划执行情况与2007年国民经济和社会发展计划草案的报告》提出，2007年要加强债券市场基础性制度建设，扩大企业债券发行规模，做好产业投资基金试点工作。中国证监会于2007年8月发布了《公司债券发行试点办法》，债券市场的发展迎来历史性的发展新机遇。

第二节 债券市场发展现状分析

从融资渠道横向比较上看，我国企业融资渠道主要有股票融资、金融机构贷款、债券融资。但是各个市场发展水平不一致，发展规模存在较大的差异。分析我国融资市场 2007~2016 年的数据（如图 3.1 所示），我国主要依赖金融机构贷款，其次是股票融资，融资规模最小的是债券融资。金融机构贷款余额这 10 年来稳步增长，从 2007 年的 26.17 万亿元增长到 2016 年的 106.60 万亿元，年均增长率为 16.89%。股票市场总市值呈现波动性增长，从 2007 年 32.71 万亿元增长到 2016 年 50.82 万亿元，其中 2008 年金融危机期间，股票市场总市值缩水近 60%，2014 年中国政府开始实施全面深化改革、不断扩大改革开放、创新驱动的经济政策，股票市场规模呈现结构化扩大，由此说明股票市场发展规模受到宏观经济影响较大，比债券融资波动性强。债券市场这 10 年发展缓慢，债券市场发行额从 2007 年的 7.98 万亿元增长到 2016 年的 18.59 万亿元，年平均增长率仅为 9.85%，相比股票市场和金融机构贷款市场其发展规模较小。

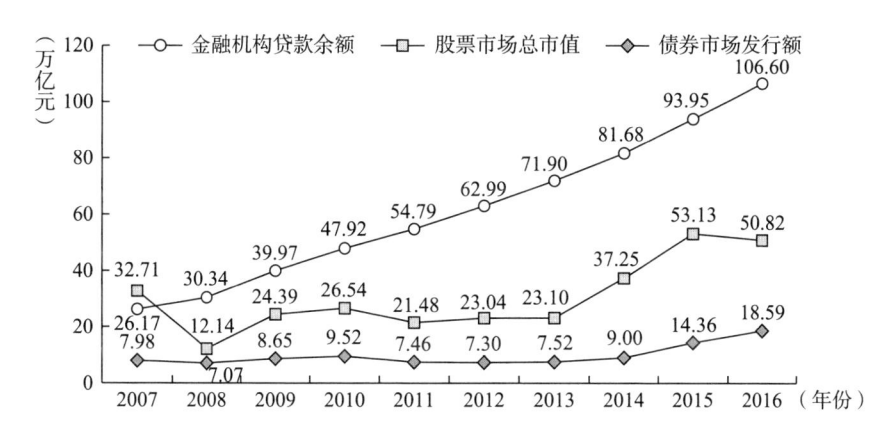

图 3.1　2007~2016 年中国主要融资市场规模

资料来源：Wind 资讯。

从债券市场组成结构上看，我国债券市场组成结构严重不合理，各类型债券之间存在较大的差异，目前我国债券市场主要有：国债、政策性银行债、地方政府债、企业债券、金融债券等。本书统计了2007～2016年中国债券市场发行数据，总发行量为97.45万亿元，各债券发行规模及所占比例如表3.2所示。目前我国债券市场发行主体依然是国家和地方政府，国债和地方政府债这10年发行规模合计为39.55万亿元，占整个债券市场的40.59%。政策性银行债券，这10年发行规模合计为19.08万亿元，占整个债券市场的19.58%，该类债券具有较强的政策导向性，受政府经济政策影响较大。我国企业债券这10年累计发行量为4.27万亿元，仅占整个债券市场的4.38%，而欧美国家企业债券占整个市场的比重平均为30%，这说明我国企业债券市场发展规模较小，我国债券市场发展结构不合理，严重限制了中小企业的融资。在债券期限结构方面，各主要债券发行情况如表3.3所示，企业债券中62.76%的发行期限为5～7年，短期和长期融资债券发行较少，而国债、政府债券期限结构较为均衡，形成了短期、中期、长期多元化全方位的发展。

表3.2 2007～2016年中国债券市场主要债券发行规模及比重

单位：万亿元，%

债券类别	发行规模	占债券市场比重
国债	28.26	29.00
政策性银行债	19.08	19.58
地方政府债	11.29	11.59
企业债券	4.27	4.38
金融债券	3.84	3.94

表 3.3 各发行期限债券在本类债券中的比重

单位：%

期限结构	国债	政策性银行债	地方政府债	企业债券	金融债券
1 年以下	13.69	12.43	0.01	0.00	9.38
1～3 年	18.68	21.38	21.17	1.41	19.27
3～5 年	20.98	24.58	33.30	6.32	21.87
5～7 年	18.97	16.98	25.42	62.76	13.54
7～10 年	18.83	20.60	20.10	22.48	25.78
10 年以上	8.85	4.04	0.00	7.03	10.16

我国债券市场经过30多年的发展，已经取得较大的成效。其发行额从2001年的不足1万亿元，增加到2016年的18.59万亿元，这得益于国家对经济政策的不断改革与完善，从而使债券市场的准入门槛、发行效率、发行成本、法律保护等相关制度日益健全和完善。虽然我国债券市场相比以往有了质的飞跃，但是从全球资本市场的角度看，我国债券市场与部分国家相比还存在较大的差距，那么是什么原因导致我国债券市场发展缓慢呢？

（1）企业发债受到政府干预。综观债券市场的发展背景，债券发行一直以来受政府干预较为严重，很大一部分债券的发行受到政府政策性目的的限制，这造成了部分企业发行债券困难，影响了资本市场配置效率，导致了债券市场发展缓慢。

（2）审批标准不同。目前中国债券市场主要有银行间债券市场和交易所债券市场，银行间债券市场的审批主体是国家发改委，而交易所债券市场的审批主体是证监会，发债主体不同导致制度错位，发债企业资质和信用难以得到统一评价，导致监管错位和投资者保护缺失，从监管层面难以有效保证债券市场平稳发展。

（3）流动性较差。银行间债券市场与交易所债券市场彼此独立，相互之间没有融通，债券本就是一种低流动性的有价证券，两大市场的彼此割裂导致更高的流动性风险，债券资本成本大大增大，降低了债券市场的配置效率，阻碍了债券市场的发展。

（4）资本市场发展结构不均衡。由于历史原因，在中国经济从计划经济到市场经济过渡过程中，企业融资绝大部分依赖于金融机构贷款，债券融资规模较小，而且大部分是国债融资，企业债券市场得不到有利的发展。

（5）违约风险的存在和投资者保护缺位。随着上海超日太阳能科技股份有限公司宣布无法于原定付息日按期全额支付该公司发行的"11超日债"本期利息，中国债券市场零违约历史纪录被打破。在投资者保护机制不完善的情况下，企业违约事件的发展严重打击投资者的信心，甚至造成债券市场信用危机。

（6）公司治理机制不健全。中国公司治理机制不完善，一股独大现象、大股东掏空现象、管理层利益侵占现象频繁发生，债券持有人的利益受到内部控制人侵占较为严重，收益分配和风险承担不匹配，造成较高的债券风险溢价，阻碍了公司债券市场的发展。

第三节　机构投资者发展制度背景

1998年，随着中国第一只封闭式基金的成立，中国资本市场开始具有真正意义上的专业化机构投资者。随着市场的发展，目前中国的机构投资者呈现多元化发展模式，已形成包括证券投资基金、社保基金、证券公司、保险公司、信托公司、财务公司、企业年金基金、QFII 等专业化机构投资者，并以证券投资基金为主体的格局。目前机构投资者在持股规模、投资类型和投资领域都有较大的影响，已经成为资本市场中重要的力量，而且持股规模越大，机构投资者越能影响到公司治理。中国机构投资者的发展主要经历三个阶段，具体相关政策如表 3.4 所示。

表 3.4　中国机构投资者发展制度背景

阶段	时间	事件
机构投资者发展初期（1991~1997 年）	1991 年	最早的投资基金"深圳南山风险投资基金"和"武汉证券投资基金"成立
	1997 年 11 月	国务院颁发《证券投资基金管理暂行办法》，真正意义的投资基金开始发展
机构投资者多元化发展阶段（1998~2003 年）	1998 年	开元、金泰、兴华、裕阳、安信五家封闭式证券投资基金公司成立
	1999 年 10 月	保监会颁布《保险公司投资证券投资基金管理暂行办法》，批准保险公司通过购买基金间接进入资本市场
	2000 年	证监会提出"超常规发展机构投资者"战略
	2000 年 10 月	证监会发布《开放式证券投资基金试点办法》
	2001 年 9 月	华安基金管理公司成立华安创新基金，第一只开放式基金成立
	2001 年 12 月	财政部、劳动和社会保障部发布《全国社会保障基金投资管理暂行办法》，批准社保基金进入资本市场
	2002 年 11 月	证监会和人民银行联合发布《合格境外机构投资者境内证券投资管理暂行办法》，合格境外投资者进入我国资本市场
	2003 年 6 月	我国社保基金第一批 140 亿元资金进入证券市场

续表

阶段	时间	事件
机构投资者快速发展阶段（2004年至今）	2004年1月	国务院发布《国务院关于推进资本市场改革开放和稳定发展的若干意见》，积极发展机构投资者
	2004年6月	《中华人民共和国证券投资基金法》开始实施，进一步规范证券投资基金管理
	2004年10月	保监会和证监会联合颁布实施《保险机构投资者股票投资管理暂行办法》，批准保险资金直接进入资本市场
	2005年7月	国务院印发《证券公司综合治理工作方案》，规范证券公司业务
	2008年4月	国务院发布《证券公司监督管理条例》
	2008年10月	证监会发布《证券公司业务范围审批暂行规定》
	2010年7月	保监会颁布《保险资金运用管理暂行办法》，将保险资金投资股票的最高比例上升至公司总资产的20%
	2012年	保监会推出了13项政策，保险投资业务渠道拓展
	2012年10月	证监会发布《证券公司客户资产管理业务管理办法》

第一阶段为机构投资者发展初期（1991~1997年），该阶段市场基金类型较少、规模较小，同时法律和监管不完善。我国最早的投资基金"深圳南山风险投资基金"和"武汉证券投资基金"成立，从此以后，各地纷纷成立投资基金，但是由于法律法规不完善，管理和监督机制不健全，发行较为混乱。

第二阶段为机构投资者多元化发展阶段（1998~2003年），该阶段出现了中国真正意义上的专业化机构投资者，同时机构投资者类型呈现多元化，开放式基金、社保基金、保险基金批准成立。面对初期发展混乱现象,国务院于 1997 年 11 月颁发《证券投资基金管理暂行办法》,标志着中国基金业开始正式规范化发展,随后 1998 年,开元、金泰、兴华、裕阳、安信五家封闭式证券投资基金公司成立,标志着中国真正意义上的专业化机构投资者出现,封闭式基金的发展出现热潮。1999 年 10 月,保监会颁布《保险公司投资证券投资基金管理暂行办法》,批准保险公司通过购买基金间接进入资本市场,虽然有诸多限制条件,但是我国机构投资者类型开始呈现多元化。为了进一步发展机构投资者,证监会于 2000 年提出"超常规发展机构投资者"战略,同年证监会发布《开放式证券投资基金试点办法》。2001 年,华安基金管理公司成立华安创新基金,第一只开放式基金成立。不仅如此,在 2001 年和 2002 年,相关部门批准了社保基金和合格境外投资者进入我国资本市场,至此,中国证券市场机构投资者包括投资基金、证券公司、保险公司、社保基金、合格境外投资者等,形成了我国机构投资者多元化发展格局。

第三阶段机构投资者快速发展阶段(2004 年至今),该阶段保险公司可以直接进入股票市场,而各机构投资者持股规模显著扩大,成为中国证券市场的重要力量。2004 年,国务院发布《国务院关于推进资本市场改革开放和稳定发展的若干意见》,积极发展机构投资者。同年 10 月,保监会和证监会联合颁布实施《保险机构投资者股票投资管理暂行办法》,批准保险资金直接进入资本市场。2005~2008 年,国务院相继印发《证券公司综合治理工作方案》《证券公司监督管理条例》,证监会发布《证券公司业务范围审批暂行规定》,从法律和制度层面进一步完善证券投资市场监督和管理,规范机构投资者行为。随后,证监会和保监会又发布一系列的改革方案,机构投资者持股规模不断扩大。

第四节 机构投资者发展现状分析

从投资规模上看，我国机构投资者在经历了发展初期、多元化发展阶段、快速发展阶段后，目前在资本市场中占有重要地位。为了能更加直观详细地说明机构投资者的发展变化，本书从Wind数据库和国泰安数据库收集了机构投资者持股的相关信息，经过整理统计出2003~2016年机构投资者持股比例和持股市值的发展变化，如图3.2所示。2008年以前机构投资者持股占A股流通股的比例呈稳步上涨趋势，从2003年的9.72%上涨到2008年的35.70%，年均增长率为29.72%，持股市值也由2003年的2026.73亿元增长到2008年的20253.08亿元。2008~2009年由于发生金融危机，国家为了稳定市场大力支持专业化机构投资者持股，其持股比例出现跳跃式增长，机构投资者持股占A股流通股比例从2008年的35.70%直接增长到2009年的64.95%，同时截至2009年底其持股总市值达到了92668.61亿元。随后几年机构投资者持股占A股流通股比例趋于稳定，保持在65%水平上浮动，浮动水平不超过2%，截至2016年底机构投资者持股占A股流通股比例为65.01%，持股市值为235700.56亿元，机构投资者已经成为最大的流通股股东。

从投资领域上看，机构投资者在不断发展壮大的过程中，其投资理念、投资技术、信息等不断得到优化和完善，同时随着我国改革开放的深化，产业结构日趋丰富合理，创新型人才队伍日益壮大，涌现出一大批新兴产业，机构投资者持股的公司数不断

第三章　债券市场与机构投资者发展制度背景与现状分析

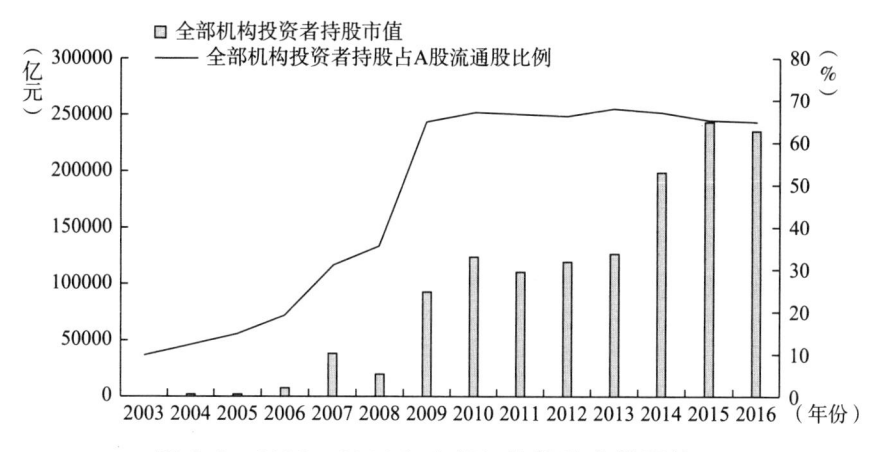

图3.2　2003~2016年全部机构投资者持股情况

增加，涵盖范围日趋扩大。本书针对机构投资者参股的公司数目和行业数目，通过Wind数据库和国泰安数据库进行收集和整理，结果如表3.5所示。2003年，机构投资者持股公司数占各行业内公司总数的比例皆不足50%，覆盖范围窄，而且大部分是国有企业。随后，机构投资者覆盖范围虽然有所扩大，但速度缓慢，2009年以前，机构持股公司数占行业内公司总数比例达到50%的只有能源、电信服务、金融、公共事业、地产这些行业，说明在这期间机构投资者目光依然主要停留在支柱型行业上。2011年可以说是机构投资者全行业覆盖的一年，所有行业中机构持股公司数占行业内公司总数比例都大于50%，说明机构投资者投资理念出现较大变化，不再仅仅关注支柱型产业，其投资范围已经涵盖消费、信息、医疗、材料等领域，各行业中机构投资者的影响力日趋增强。截至2016年，除电信服务业外，其他行业中机构持股公司数占比均超过80%，说明我国上市公司中几乎所有行业所有公司都有机构投资者持股的背景，机构投资者已然成为我国资本市场的中坚力量。

风险投资与债券风险溢价

表 3.5　2003～2016 年机构持股公司数占行业内公司总数比例

单位：%

年份	能源	材料	工业	可选消费	日常消费	医疗保险	金融	信息技术	电信服务	公共事业	地产
2003	36.36	22.46	15.37	18.66	26.00	19.71	15.64	9.84	25.00	46.67	43.17
2004	46.75	37.89	27.06	33.45	42.00	34.05	37.18	16.99	50.00	69.52	73.38
2005	45.45	38.07	27.92	33.10	42.50	34.41	35.90	16.99	50.00	70.48	71.22
2006	49.35	39.12	27.92	34.33	43.00	34.05	41.03	18.25	50.00	71.43	69.78
2007	48.05	34.56	24.24	26.41	34.00	26.88	46.15	16.10	50.00	40.95	60.43
2008	49.35	35.96	23.59	24.65	33.00	26.52	42.31	16.46	50.00	40.00	57.55
2009	64.94	42.63	31.49	36.62	46.50	37.63	53.85	25.76	50.00	60.95	76.26
2010	68.83	54.39	43.83	46.30	59.00	48.39	61.54	38.82	75.00	64.76	78.42
2011	77.92	64.74	55.63	55.46	65.00	58.78	65.38	52.24	75.00	76.19	83.45
2012	83.12	65.61	55.09	57.04	68.50	59.86	67.95	57.42	75.00	73.33	81.29
2013	83.12	67.89	58.44	59.51	69.50	65.23	67.95	60.29	75.00	80.00	89.21
2014	83.12	71.75	65.26	67.25	73.50	70.25	73.08	65.47	75.00	89.52	92.09
2015	87.01	80.70	77.06	76.76	83.00	79.21	79.49	74.60	75.00	92.38	97.12
2016	93.51	86.32	85.17	82.92	89.50	84.59	93.59	84.44	75.00	91.43	96.40

第三章　债券市场与机构投资者发展制度背景与现状分析

我国自2001年第一只开放式基金华安创新基金成立后，机构投资者呈"黄金时代"发展，目前在种类、覆盖范围、持股比例、持股规模及专业化程度上都取得了不小的进步，发展如此之快的原因如下。第一，机构投资者能稳定市场。个人投资者往往不具有专业投资理论知识，同时其跟风现象明显，换手率高，交易频繁，这导致股票市场大涨大跌，"羊群效应"明显。此外，个人投资者不具备信息优势，信息收集成本较高，而机构投资者具有专业化的信息收集和分析师团队，收集目标公司信息的成本低，有利于降低信息不对称程度，更准确地估计企业价值和未来盈利能力。第二，机构投资者能提高公司治理水平。由于机构投资者持股规模较大，作为公司重要的股东能够影响公司决策，同时机构投资者可以独立于大股东和中小股东，机构投资者根据私有化信息、专业优势背景及投资理念对公司起到监督作用，保护中小股东和债权人的利益。第三，我国人口基数大，人口老龄化程度严重，养老保险和医疗保险资金收支平衡压力较大，2001年社保基金批准入市，有助于机构投资者的发展。

机构投资者作为最大的流通股股东，其投资规模大、投资领域宽，这导致其成为公司重要的股东且参与公司治理的激励动机明显。由于机构投资者的投资理念和投资目标不同，其持股行为对公司治理往往表现出积极作用或消极作用。

机构投资者持股行为积极作用更多表现为监督动机，由于机构投资者持股比例较高，出于自身收益最大化的目的，其越来越倾向于利用手中所有权地位介入公司治理，他们会更加关注企业的业绩（Wahal and McConnell，2000），他们可以通过代理投票权、股东提案、法律诉讼、私下沟通、更换管理者的方式发挥监督作用，以此来提升公司价值，降低公司违约风险，从而使债权人利益得到保护并反映到债券低风险溢价中。同时，机构投资者依靠自身的专业优势还能降低公司与外部投资者之间的信息不对称程度，债券投资者如果在评估企业价值的过程中面对没有完善的企业信息的情况，就会相应提高风险溢价以降低信息缺陷带来的错误估计风险，机构投资者能迫使公司披露更多的信息，这有助于债券投资者评估企业价值，降低风险溢价（Lo，2001）。机构投资者的积极作用还能表现在对内部控制人的治理上，机构投资者有时出于长期利益最大化的考虑，为了提高远期公司价值可以减少大股东的资金占用（Chen et al.，2007b）和管理层的"隧道行为"（Switzer and Wang，2017），企业价值的提升能降低债券持有人要求的风险溢价。独立董事能够对公司治理起到积极的监督作用，机构投资者的积极持股行为能够对这种监督作用起到增益效果，使债权人更能准确预测公司未来的财务风险，从而体现在债券风险溢价上（Ajinkya et al.，2005）。

机构投资者持股行为消极作用则更多表现为利益攫取和串谋动机。从公司业绩角度来看，某些机构投资者在面对投资公司业绩问题时，会采取消极的"用脚投票"方式抛售公司股票，这种行为不仅不能起到帮助作用，而且会造成公司股票价值大幅下跌，加剧公司的财务困境和违约风险，甚至造成公司破产或被收购，增加公司违约风险，对普通股东和债权人来讲都是不利的，其结果是债权人不得不提高债券风险溢价。从内部控制人的角度来看，机构投资者的消极主义行为可以加剧大股东的掏空行为，大股东利用资产置换、企业并购、股利分配等手段获得既得利益（Cremers and Romano，2007），这时机构投资者与大股东串谋的动机较强。此外，有些机构投资者由于监督成本较高，并不对投资的公司进行独立信息追踪和分析，表现出搭便车行为，导致对管理层的监督不足增加了代理成本，管理层可能为了自身利益进行盈余管理等，进一步提高和增加了公司和债券投资者之间的信息不对称程度和利益侵占问题，导致企业债券投资风险溢价升高。

本章小结

本章对债券市场发展和机构投资者发展背后的制度变迁进行了系统梳理，并且进行了历史发展和现状分析。首先，本章介绍了债券市场的发展历程。虽然债券市场从起初到现在已经取得较大的发展，但是与股票市场和金融机构贷款仍有不小的差距，而且发展结构不合理。其次，本章对机构投资者的发展制度背景进行了梳理。机构投资者在经历了三大发展时期后，已然成为我国资本市场上重要的决定力量，由于机构投资者投资领域和投资理念的不同，其持股行为表现出较大的差异性。机构投资者持股行为积极作用更多表现为监督动机，出于自身收益最大化的目的，其越来越倾向于利用手中所有权地位介入公司治理，降低公司违约风险，其经济后果在债券市场的表现为债券风险溢价的降低。机构投资者持股行为消极作用则更多表现为利益攫取和串谋动机，采用"用脚投票"和"羊群行为"等方式进行投机活动，不仅不能帮助企业改善治理环境而且会加剧公司风险，进一步提高债券风险溢价。本章以制度背景为依托分析了债券市场和机构投资者的发展现状，这些分析有利于强化本书的研究目的与意义，同时有利于找到市场发展规律和发现机构投资者持股行为经济后果。

第四章
机构持股对债券风险溢价的影响

本章从持股比例、持股期限及持股稳定性上实证检验机构投资者持股行为对债券风险溢价是否有影响。研究发现，机构投资者持股比例越高越能显著降低债券风险溢价。机构投资者的长期持股能显著降低债券风险溢价，机构投资者的短期持股与债券风险溢价正相关。稳定持股与债券风险溢价负相关，这是由于稳定机构投资者有利于降低公司股票价格波动率，降低违约风险。相反，不稳定机构投资者的频繁交易会造成股票市场动荡，不利于债券投资者估计企业价值，进而要求高的风险溢价。本章的研究对债券投资者评估企业违约风险和识别自身利益是否受到侵占有指引作用。

20 世纪 80 年代起，西方资本主义国家资本市场中机构投资者开始崛起，伴随着其持股规模、持股范围的扩大，拥有专业化投资背景的机构投资者开始越来越积极地参与公司决策和治理。随着我国金融"脱媒化"不断演进，在资本市场得到快速发展的同时，机构投资者已经发展成为中国市场最有影响力的资本提供者。机构投资者是资本市场的主要参与者，机构持股是一种有效的公司治理机制（Grossman and Hart，1980；曹丰等，2015；王俊飚等，2012）。机构投资者，尤其是以绝对收益为目标的机构投资者，在上市公司治理中扮演着重要的角色。通过对债券风险溢价相关文献的梳理和研究，我们发现公司的治理结构特征能准确描述相关利益者的利益倾向，使债券投资者识别自身所处的利益分配地位，进而通过价格保护方式保护自身的利益（Jensen and Meckling，1976）。股权结构被认为是公司层面最重要的治理机制（Shleifer and Vishny，1986；Claessen et al.，2000）。在公司的股权结构中，机构投资者最有可能代表广大股东的利益，因为他们最有能力来解决信息不对称的问题（Grossman and Hart，1980）。

一方面，机构投资者有能力解决信息不对称问题，减轻管理层对股东权益的侵害。机构投资者在减轻股东利益损害的同时，债权人同样获益，使债券投资者要求的风险溢价降低。另一方面，机构投资者作为重要的股东，在校准了管理层的目标和自己的目标后，由于收益结构不同，有可能产生股东和债权人的冲突（Myers，1977），进而影响债券风险溢价。作为公司最重要的利益相关者——股东和债权人，他们之间的利益冲突直接影响公司的融资成本。因此，机构投资者的治理作用影响债券风险溢价的问题，是目前理论界和实务界需要研究和解决的重要问题。本章将通过机构投资者三方面的持股特征来研究其对债券风险溢价的影响。

第一节 理论分析与研究假设

一 机构投资者持股比例与债券风险溢价

机构投资者作为重要的股东，国内外学者对其进行了相关研究，但大多是研究股票市场的反应和公司业绩，较少涉及机构投资者的行为是否能影响债券融资。一些学者证实了机构投资者持股对股东是有好处的，这些结论也适用于分析债权人。公司业绩方面，公司业绩的提升能够降低公司的违约风险，降低债券风险溢价。已有研究表明，机构投资者掌握大量的股权，也拥有较大比例的投票权，出于自身收益最大化的目的，他们会更加关注企业的业绩，监督激励动机较强，一旦出现问题，他们会及时修正，这种监督行为能够切实提高公司业绩（Shleifer and Vishny, 1986），从而降低企业违约概率。同样，Wahal 和 McConnell (2000) 使用托宾 Q 描述公司业绩，得到了相同的结论。信息不对称方面，信息不对称程度越低，债券投资者就越能准确估计企业价值，从而降低要求的风险溢价（周宏等，2012）。Gallais-Hamonno 和 Oosterlinck（2015）论证了对于机构所有权比例高的公司，知情交易不能显著提高股票收益率，而对于机构所有权比例低的公司，知情交易能够提高股票收益率，这进一步证实了在减少信息不对称方面机构投资者起到了重要作用。还有学者从信息透明度和自愿性信息披露的角度证实了，随着机构投资者持股比例的提高，信息透明度提高（陈小林、孔东民，2012），自愿性信息披露程度升高（牛建波等，2013）。

然而，一些学者提出了不同的结论，他们认为机构投资者追求短期目的，并且缺乏监督动力，致使公司风险增加，进而提高债券风险溢价。从监督角度来看，有些机构投资者存在搭便车行为，集体一致性行动变得困难，机构投资者的监督激励不足，增加了管理层掏空行为的概率（Black，1990；Admati et al.，1994；潘越等，2011），这种行为同样损害了债权人的利益。从公司业绩角度看，有些机构投资者只关注公司业绩好的公司，一旦公司业绩出现问题，他们就会抛售股票，而不是积极帮助公司找出问题提升业绩，这种行为不仅不能起到帮助作用，而且会造成公司股票收益率波动加大，增加公司风险，对股东和债权人来讲都是不利的（Coffee，1991；李争光等，2014），导致债券风险溢价的提高。从市场稳定性角度来看，有学者在股票市场上证明了机构投资者的"羊群行为"能够加大公司陷入财务困境的风险（许年行等，2013；曹丰等，2015），这种风险能够为债权人所感知，在未来给公司带来较高的债券风险溢价。史永东和王谨乐（2014）采用倾向得分匹配法，证明了机构投资者持股不能起到稳定市场的作用。

基于上述分析，为了验证机构投资者对债券风险溢价的影响，本书提出如下假设。

H1a：机构投资者持股比例与债券风险溢价呈负相关关系，机构投资者持股比例越高，企业债券风险溢价越低。

H1b：机构投资者持股比例与债券风险溢价呈正相关关系，机构投资者持股比例越高，企业债券风险溢价越高。

二 机构投资者持股期限与债券风险溢价

机构投资者持股期限往往能反映其利益需求，并且能够通过公司治理机制表现在公司业绩和融资成本上（Bhojraj and Sengupta, 2003; Gaspar et al., 2012）。短期投资的机构投资者对公司施加了价格压力，损害了公司价值。他们可能迫使管理人员采取不利的短期策略，从而不利于公司的长期发展。Porter（1992）认为，短期机构投资者可能使管理层过度关注短期绩效指标，如季度收益。Bushee（2001）表明，短期投资者的存在可能迫使经理人减少研发投资避免当期收益的减少，以增加公司预期的短期收益。Burns等（2010）表示，管理层会提高盈余管理程度以迎合短期机构投资者的利益诉求。总之，短期压力假设意味着短期机构持股与企业的债券风险溢价正相关。此外，在市场动荡时期，如金融危机，短期投资者的抛售可能加剧股价的下跌，并反映在较高的债券风险溢价上。

虽然短期机构投资者可能更喜欢通过"退出"进行监控，但长期机构投资者可以通过声明或直接干预来监控公司，以减少管理层和利益相关者之间的管理机会主义以及与其他机构间的冲突。相关利益者理论认为，有效的内部监控将提高公司的业绩和价值，从而有利于股东和债权人，长期机构投资者往往被视为有效的内部监察员（Gaspar et al., 2005）。长期机构投资者通过减轻信息不对称问题实际上降低了债务成本（Elyasiani et al., 2010）。当机构投资者长期持有公司的股票时，他们以提高企业价值为目的，同时其监督激励会更显著，这样不仅会降低公司未来的债券风险溢价，也会提高和增加公司筹集资金的能力和利润增长的机会（Coffee, 1991）。国内学者基于股票市场证实了机构投资者的短期持有提高了市场收益率波动性，长期持有降低了市场收益率波动性（刘京军、徐浩萍, 2012）。对此，我们要检验持股期限是否能影响机构投资者对债券风险溢价的影响，本书提出如下假设。

H2a：长期机构投资者持股比例与债券风险溢价呈负相关关系，长期机构投资者持股比例越高，企业债券风险溢价越低。

H2b：短期机构投资者持股比例与债券风险溢价呈正相关关系，短期机构投资者持股比例越高，企业债券风险溢价越高。

三　机构投资者持股稳定性与债券风险溢价

鉴于不同的机构投资者有不同的投资计划和投资动机（Woidtke，2002；Del Guercio and Hawkins，1999），一些机构投资者选择监督公司并对管理层施加影响，而另一些则关注信息收集和短期交易利润，对这两种策略的选择可能取决于持股稳定性。稳定机构投资者更有可能参与监督，因为他们有更多的时间去了解公司，也有更多的机会影响管理（Chen et al.，2007）。相反，不稳定机构投资者往往会参与基于信息的频繁交易，致使估价波动严重损害企业价值（Yan and Zhang，2007）。

稳定机构投资者可以通过三个渠道提高公司业绩，降低公司风险，降低债券风险溢价。第一，稳定机构投资者与资本市场和监管活动密切相关，可以减少代理和信息不对称问题导致的投资不足和投资过度（Jensen and Meckling，1976；Ajinkya et al.，1999）。第二，稳定机构投资者缓解了管理层短视问题，因为其允许管理者投资长期有利可图的项目（Edmans，2009）。Bushee（2001）认为，机构投资者的高频交易鼓励短期投资，而投资者的低频交易减轻了管理者的短期投资行为压力，实证结果表明，不稳定机构投资者的持股比例与管理者为了扭转盈利下滑而减少研发投资的概率正相关。Wahal 和 McConnell（2000）也发现，低频交易机构投资者的持股比例与企业的物业、厂房和设备支出以及研发投资（长期投资）正相关。Bushee（2001）的研究表明，不稳定机构投资者持股比例与长期公司价值负相关。第三，稳定的机构持股有利于使管理者的利益与股东的利益一致，通过增加管理者的激励报酬在总薪酬中的比例，从而提高企业价值（Hartzell and Starks, 2003）。

基于此，我们研究机构投资者持股稳定性是如何影响债券风险溢价的。不稳定的投资者相比稳定的投资者更关注短期收益（Gaspar et al., 2012），这会损害长期公司价值。相反，稳定的投资者更关注长期企业价值增长（Derrien et al., 2013），更能激励管理层注重公司价值的提升，注重长期的利益，这会给债权人带来好处（Sengupta, 1998；Healy et al., 1999）。针对机构投资者持股稳定性，我们提出如下假设。

H3a：稳定机构投资者能降低企业债券风险溢价。

H3b：不稳定机构投资者能提高企业债券风险溢价。

第二节　研究设计

一　样本与数据收集

由于银行间债券市场具有同质化的特点，风险偏好一致，难以发挥市场传导机制，所以本书选取沪深两市上市公司交易所债券为研究样本。中国证监会于2007年8月发布了《公司债券发行试点办法》，此后企业债券开始得到重视与加速发展。同时，为了避免金融危机对研究结果产生结构性影响，本书所使用的样本区间是2009～2016年。

根据研究需要，我们按照如下原则对样本进行了筛选。①本书只保留了固定利率的债券，因为固定利率债券能更好地描述债券投资者的风险敏感性。②由于要用到上一年的财务数据，所以剔除了 IPO 当年的样本。③剔除金融类公司，因为金融类公司具有特定的财务处理方法并受到不同于其他企业的法律约束。④剔除数据缺失的样本。⑤剔除 ST 和 *ST 的公司，因为该类公司连年亏损，对投资者的风险敏感性具有较大影响。⑥为了剔除异常值对实证结果的影响，对样本中所有连续变量都在 1% 和 99% 分位数上做了 Winsorize 处理。样本中的债券信息、企业财务信息、股权结构信息等数据均来自 Wind 数据库、国泰安数据库、CCER 数据库，对于部分缺失数据进行手工整理，所有变量都是通过股票代码和债券代码进行匹配。

二 模型构建

1. 机构投资者持股比例与债券风险溢价

$$Spread_{i,t} = \alpha + \beta_1 Inst_{i,t-1} + \beta_2 Issueamount_t + \beta_3 Term_t + \\ \beta_4 Couponrate_t + \beta_5 Lev_{t-1} + \beta_6 ROA_{t-1} + \beta_7 Turn_{t-1} + \\ \beta_8 GDP_{t-1} + \beta_9 SLOP_{t-1} + Industry + Year + \varepsilon_{i,t} \quad (4.1)$$

根据 Huang 和 Petkevich（2016）的研究，本书模型（4.1）中的机构投资者持股比例（$Inst$）采用滞后一期，这是因为机构投资者投资行为对公司业绩、融资成本等具有时滞效应。$Spread$ 为债券风险溢价变量，用债券收益率利差表示，为债券到期收益率与剩余期限相同的国债到期收益率之差。同时模型中加入了债券特征控制变量（$Issueamount$ 为债券发行规模，$Term$ 为债券期限，$Couponrate$ 为债券票面利率）、公司特征控制变量（Lev 为资产负债率，ROA 为总资产收益率，$Turn$ 为总资产周转率）、宏观经济特征控制变量（GDP 为国内生产总值，SLOP 为无风险收益率曲线斜率），具体设定和度量方法见变量描述。除此之外，考虑到企业的行业特性和宏观经济周期变动对研究的影响，本书控制了行业（Industry）和年度（Year）变量。

2. 机构投资者持股期限与债券风险溢价

$$Spread_{i,t} = \alpha + \beta_1 Inst\_long_{i,t-1} + \beta_2 Issueamount_t + \beta_3 Term_t + \beta_4 Lev_{t-1} + \beta_5 Couponrate_t + \beta_6 ROA_{t-1} + \beta_7 Turn_{t-1} + \beta_8 GDP_{t-1} + \beta_9 SLOP_{t-1} + Industry + Year + \varepsilon_{i,t} \quad (4.2)$$

$$Spread_{i,t} = \alpha + \beta_1 Inst\_short_{i,t-1} + \beta_2 Issueamount_t + \beta_3 Term_t + \beta_4 Lev_{t-1} + \beta_5 Couponrate_t + \beta_6 ROA_{t-1} + \beta_7 Turn_{t-1} + \beta_8 GDP_{t-1} + \beta_9 SLOP_{t-1} + Industry + Year + \varepsilon_{i,t} \quad (4.3)$$

模型（4.2）和模型（4.3）用于验证机构投资者的长期持股（Inst_long）和短期持股（Inst_short）对债券风险溢价（Spread）的影响。本书根据 Chen 等（2007）的研究，把在某家上市公司持股一年及以上的机构投资者定义为长期机构投资者，低于一年的定义为短期机构投资者。对所有标识为长期机构投资者的持股比例进行求和，计算出该公司当年的长期机构投资者持股比例（Inst_long），同样可以计算出短期机构投资者持股比例（Inst_short）。其余控制变量基本同模型（4.1）。

3. 机构投资者持股稳定性与债券风险溢价

$$Spread_{i,t} = \alpha + \beta_1 Inst\_LIO_{i,t-1} + \beta_2 Issueamount_t + \beta_3 Term_t + \beta_4 Lev_{t-1} + \beta_5 Couponrate_t + \beta_6 ROA_{t-1} + \beta_7 Turn_{t-1} + \beta_8 GDP_{t-1} + \beta_9 SLOP_{t-1} + Industry + Year + \varepsilon_{i,t} \quad (4.4)$$

$$Spread_{i,t} = \alpha + \beta_1 Inst\_SIO_{i,t-1} + \beta_2 Issueamount_t + \beta_3 Term_t + \beta_4 Lev_{t-1} + \beta_5 Couponrate_t + \beta_6 ROA_{t-1} + \beta_7 Turn_{t-1} +$$

$$\beta_8 GDP_{t-1} + \beta_9 SLOP_{t-1} + Industry + Year + \varepsilon_{i,t} \qquad (4.5)$$

模型（4.4）和模型（4.5）分别用于验证机构投资者持股的稳定性与不稳定性对债券风险溢价（Spread）的影响。根据Huang和Petkevich（2016）的研究方法，我们按照机构投资者投资水平波动率将机构投资者划分为稳定机构投资者和不稳定机构投资者。对所有标识为稳定机构投资者的持股比例进行求和，计算出该公司当年的稳定机构投资者持股比例（Inst_LIO），同样可以计算出不稳定机构投资者持股比例（Inst_SIO）。其余控制变量基本同模型（4.1）。

三 变量描述

变量定义与描述方法如表4.1所示。

表4.1 变量定义

变量类型	变量符号	变量含义
被解释变量	Spread	债券风险溢价。用债券到期收益率与剩余期限相同的国债到期收益率之差表示
解释变量	Inst	机构投资者持股比例合计
	Inst_long	长期机构投资者持股比例。持股1年及以上的机构投资者持股比例合计
	Inst_short	短期机构投资者持股比例。持股1年以下的机构投资者持股比例合计
	Inst_LIO	稳定机构投资者持股比例。投资水平波动率低于前3年的波动率
	Inst_SIO	不稳定机构投资者持股比例。投资水平波动率高于前3年的波动率

续表

变量类型	变量符号	变量含义
债券特征控制变量	Issueamount	债券发行规模。取对数
	Term	债券期限
	Couponrate	债券票面利率
	B-rate	债券评级
公司特征控制变量	Lev	资产负债率。描述企业偿还能力,负债的账面价值/总资产
	ROA	总资产收益率。描述企业盈利能力,(净利润×2)/(期初总资产+期末总资产)×100%
	Turn	总资产周转率。描述企业运营能力,(营业总收入×2)/(期初总资产+期末总资产)×100%
	Iss-rate	发行人主体评级
宏观经济特征控制变量	GDP	国内生产总值。描述宏观经济增长,取对数
	SLOP	无风险收益率曲线斜率。10年期与1年期国债到期收益率之差
	Industry	行业类别虚拟变量
	Year	宏观年度虚拟变量

1. 债券风险溢价（Spread）

债券风险溢价（Spread），用债券利差表示，为债券到期收益率与剩余期限相同的国债到期收益率之差。企业债券到期收益率由两部分组成，一部分是无风险收益率，一部分是有风险收益率。一般认为国债收益率是无风险的，所以企业债券收益率与国债收益率之差就表示有风险的企业债券收益率。

采用现金流量贴现模型来计算债券到期收益率，计算公式为：

$$PV_t = \frac{F}{(1+r)^n} + \sum_{t=1}^{n} \frac{C_t}{(1+r)^t} \qquad (4.6)$$

其中 PV 为债券当前市场价格，包括了当年的应计利息；F 为债券面值；C 为按票面利率计算的每年支付的利息；r 为债券到期收益率；n 为债券期限。

2. 机构投资者持股

（1）机构投资者持股比例（Inst）。

该指标等于机构投资者持股数量占上市公司 A 股流通股数量的比例。由于机构投资者发挥公司治理作用具有滞后性，本书采用滞后一期的持股比例数据，用以考察机构投资者持股对下一年的债券风险溢价的影响。

（2）机构投资者持股期限。

Bushee（2001）采用聚类分析方法，综合考虑换手率、持股规模、盈余管理等方面，将机构投资者划分为长期机构投资者和短期机构投资者。Gaspar 等（2005）将机构投资者的换手率作为测量持股期限的指标，并依据换手率将机构投资者分为长期和短期投资者。但 Bohren 等（2005）提出的"持股保持"概念更能准确表明机构持股的时间特征，本书根据该方法把在某家公司中连续持股一年及以上的机构投资者定义为长期机构投资者，低于一年的定义为短期机构投资者，进而计算出长期机构投资者持股比例（Inst_long）及短期机构投资者持股比例（Inst_short）。

（3）机构投资者持股稳定性。

为了描述机构投资者持股稳定性，借鉴 Huang 和 Petkevich（2016）的研究方法，通过计算机构投资者的投资水平波动率来划分稳定机构投资者和不稳定机构投资者。投资水平波动率的计算方法如下。

首先，我们计算机构投资者 k 在 t 年的投资水平波动率。

$$Change_{k,t} = \frac{\sum |N_{i,k,t}P_{i,t} - N_{i,k,t-1}P_{i,t-1} - N_{i,k,t-1}\Delta P_{i,t}|}{(\sum |N_{i,k,t}P_{i,t} + N_{i,k,t-1}P_{i,t-1}|)/2} \quad (4.7)$$

$N_{i,k,t}$ 表示机构投资者 k 在 t 年末对 i 公司持股的数量，$P_{i,t}$ 表示公司 i 在 t 年末的股票价格。

其次，我们计算机构投资者 k 在过去 3 年的平均投资水平波动率 $avgChange$。

$$avgChange_{k,t} = \frac{1}{3}\sum_{i=1}^{3} avgChange_{k,t-i+1} \quad (4.8)$$

最后，如果机构投资者 k 在 t 年的投资水平波动率低于平均波动率，我们定义该机构投资者为稳定机构投资者，将所有标识为稳定机构投资者的持股比例求和，得到公司当年稳定机构投资者持股比例（Inst_LIO）。如果当年投资水平波动率高于平均波动率，我们定义其为不稳定机构投资者，类似的，可以得到公司当年不稳定机构投资者持股比例（Inst_SIO）。

3. 债券特征控制变量

债券发行规模（Issueamount），被定义为债券初始发行额度，出于更好的可视化目的，我们对该变量进行对数处理，从而更好地进行统计推断。一只债券的发债规模越大，就有越多的投资者对它产生投资兴趣，越多的二手市场交易，流动性风险越低，同时披露的信息越多，越有利于评价债券价值和降低债券风险溢价（周宏等，2012）。本书预期债券发行规模（Issueamount）与债券风险溢价呈负相关关系。

关于债券期限（Term），一般认为期限较长的企业债券流动性较差并且未来的不确定性较高，故风险较大，所以债券投资者要求较高的风险溢价，导致债券风险溢价升高（杨大楷、王鹏，2014）。Gopalan 等（2014）考察了公司的债务期限结构是否影响其信用质量，发现那些面临更大风险的公司具有较低的信用质量，并且这些公司发行的长期债券的收益率较高，表明债券市场投资者认识到了企业债务期限结构导致的风险。本书预期债券期限（$Term$）与债券风险溢价呈正相关关系。

关于债券票面利率（$Couponrate$），在中国，机构投资者和个人投资者所获得的投资利润总额需要缴纳一定比例的所得税，导致高票面利率的企业债券比低票面利率的企业债券缴纳更多的税费，考虑到这个原因，投资者对高票面利率的企业债券提出更高的风险溢价（Elton et al.，2001；周宏等，2014）。本书预期债券票面利率（$Couponrate$）与债券风险溢价呈正相关关系。

债券评级（$B\text{-}rate$），是综合反映债券信用质量的指标。尽管目前市场对信用评级机构出具的信用评级有效性仍有疑虑，但全国性的并经监管部门认可的评级机构做出的信用评级在解释债券收益率利差上有重要影响力。信用评级越高表示企业的违约概率越低，可以降低企业债券风险溢价（Bhojraj and Sengupta，2003）。本书参考Avramov等（2007）的方法，采用年末最新评级机构对企业债券的评级，由于样本中没有BBB以下的债券，故将评级数字化：AAA＝1，AAA－＝2，AA＋＝3，AA＝4，AA－＝5，A＋＝6，A＝7，A－＝8，BBB＋＝9，BBB＝10。本书预期债券评级（$B\text{-}rate$）与债券风险溢价呈正相关关系。

4. 公司特征控制变量

资产负债率（Lev），被定义为负债的账面价值/总资产。该变量描述的是企业偿还能力，在期权定价Merton模型中，杠杆率越高，公司发生违约的概率越大，即企业债券风险溢价越高。当公司价值低于负债价值（杠杆率大于1）时发生违约，负债率与债券风险溢价正相关（Yu，2005；赵晓琴、万迪昉，2011）。本书预期资产负债率（Lev）与债券风险溢价呈正相关关系。

总资产收益率（ROA），被定义为（公司 i 在 t 年的净利润 × 2）/（期初总资产 + 期末总资产）×100%。总资产收益率描述的是企业的盈利能力，盈利能力高的企业在未来有足够的现金流偿还到期债务，违约风险较低，能够降低债券风险溢价（Switzer and Wang, 2017）。还有学者使用 ROE 描述企业的盈利能力，但是本书认为证监会要求公司进行增发股票时 ROE 不得低于6%，基于此，某些公司可能进行盈余管理，所以本书没有采用 ROE 指标。本书预期总资产收益率（ROA）与债券风险溢价呈负相关关系。

总资产周转率（Turn），被定义为（公司 i 在 t 年的营业总收入 × 2）/（期初总资产 + 期末总资产）×100%。总资产周转率描述的是企业的运营能力，运营能力高的企业，现金回流的速度快，能够降低违约风险，从而降低债券风险溢价（Bauman, 2007）。本书预期总资产周转率（Turn）与债券风险溢价呈负相关关系。

发行人主体评级（Iss-rate），是综合反映发行人信用质量的指标。参考 Avramov 等（2007）的方法，采用年末最新评级机构对公司主体的评级，将评级数字化：AAA = 1，AAA - = 2，AA + = 3，AA = 4，AA - = 5，A + = 6，A = 7，A - = 8，BBB + = 9，BBB = 10。本书预期发行人主体评级（Iss-rate）与债券风险溢价呈正相关关系。

5. 宏观经济特征控制变量

持续、稳定和高速的经济增长表明经济发展势头良好，企业利润持续上升，人们对经济形势形成了良好的预期，收入和投资的积极性得以提高，增加了对证券的需求，也促使债券价格上涨、债券风险溢价降低（Guha and Hiris, 2002；于静霞、周林，2015）。国内生产总值（GDP）是反映宏观经济增长情况的最佳指标（戴国强、孙新宝，2011）。本书预期经济增长（GDP）与债券风险溢价呈负相关关系。

对于无风险收益率曲线斜率（SLOP），根据利率期限结构理论，在国债收益率曲线上，长端利率反映了未来即期利率。如果国债收益率曲线变陡了，就是斜率增大了，预示经济向好，未来利率升高，债券风险溢价降低，反之升高（Dotsey，2000）。本书参考 Collin-Dufresne 和 Goldstein（2001）的研究，使用 10 年期与 1 年期的国债到期收益率差值作为无风险收益率曲线斜率代理变量。国内学者王安兴和杜琨（2016）以及梁朝晖等（2015）也使用了该指标并得到了预期效果。本书预期无风险收益率曲线斜率（SLOP）与债券风险溢价呈负相关关系。

第三节 实证结果及分析

一 描述性统计分析

样本的描述性统计如表 4.2 所示。

表 4.2 样本描述性统计

变量名	变量符号	均值	中位数	标准差	最小值	最大值
债券风险溢价	$Spread$	2.249	1.848	0.631	0.149	3.946
机构投资者持股比例	$Inst$	0.548	0.570	0.228	0.001	0.937
长期机构投资者持股比例	$Inst\_long$	0.460	0.487	0.260	0.060	0.937

续表

变量名	变量符号	均值	中位数	标准差	最小值	最大值
短期机构投资者持股比例	Inst_short	0.088	0.028	0.140	0.001	0.449
稳定机构投资者持股比例	Inst_LIO	0.367	0.308	0.267	0.031	0.937
不稳定机构投资者持股比例	Inst_SIO	0.181	0.043	0.262	0.001	0.621
债券发行规模	Issueamount	11.673	11.695	0.895	9.210	14.286
债券期限	Term	5.496	5.000	2.351	2.00	10.000
债券票面利率	Couponrate	0.057	0.055	0.012	0.012	0.090
债券评级	B-rate	2.467	3.000	1.407	1.000	10.000
资产负债率	Lev	0.590	0.611	0.161	0.142	0.931
总资产收益率	ROA	0.031	0.026	0.044	0.002	0.259
总资产周转率	Turn	0.572	0.471	0.428	0.59	2.353
发行人主体评级	Iss-rate	2.917	3.000	1.407	1.000	10.000
国内生产总值	GDP	13.258	13.297	0.205	12.763	13.443
无风险收益率曲线斜率	SLOP	0.007	0.005	0.006	0.003	0.021

从表4.2的描述性统计，我们可以看出以下几点。①中国企业债券的到期收益率相比同期的无风险国债收益率要高，平均高2.249个百分点，说明中国企业债券存在较高的风险溢价。②债券风险溢价的最大值是最小值的26倍，不同企业债券风险溢价表现出较大的差距，说明债券市场能够根据不同企业经营状况识别出不同的风险溢价，具有一定的识别效度。③在发行债券的上市公司中，机构投资者持股比例平均值是0.548，中位数是0.570，说明中国上市公司股份中很大一部分是由机构投资者持有的，机构投资者在上市公司中扮演非常重要的角色，进一步证明我们研究

的重要性。④机构投资者持股比例最大值与最小值之差为0.936，标准差为0.228，说明在不同的企业中机构投资者持股比例具有很大的差异性。⑤长期机构投资者持股比例在均值、中位数、最大值、最小值方面均大于短期机构投资者持股比例，说明长期机构投资者为了获取公司未来长期收益，通过提高持股比例来获取所有权和控制权，这使其能更好地介入公司治理，起到监督作用。相反，短期机构投资者以短期投机盈利为目的，同时为避免高风险带来的损失，持有比例较低。⑥稳定机构投资者持股比例的均值、中位数都在0.30以上，而不稳定机构投资者持股比例中位数为0.043，均值为0.181。说明不稳定机构投资者持股比例表现出更为强烈的波动性，持股比例差异性明显。⑦债券评级和发行人主体评级的均值为2.467和2.917，介于AAA−和AA+之间，说明我国债券发行人信用质量较为良好，但是也有BBB级债券，差异性较大（标准差为1.407）。

二 相关性分析

本书使用Pearson和Spearman方法检验变量之间的相关性，检验结果如表4.3所示。

从表4.3我们可以看出以下两点。①机构投资者持股比例（$Inst$）与债券风险溢价（$Spread$）呈负相关关系，并且在1%置信水平上显著负相关。初步验证了假设H1a，即机构投资者持股比例越高，其越可能参与公司治理，进而降低公司未来债券风险溢价。②各变量相关系数绝对值都小于0.5，本书又计算了膨胀因子VIF，VIF均值为1.6小于2，VIF最大值为2.44小于10，根据经验准则，模型不存在多重共线性问题。

表 4.3 主要变量相关系数

变量	Spread	Inst	Issueamount	Term	Couponrate	Lev	ROA	Turn	SLOP	GDP
Spread	1	-0.260***	-0.321***	0.207***	0.488***	0.053*	-0.046**	-0.069*	-0.074*	-0.144***
Inst	-0.312***	1	0.410**	0.216	-0.259**	0.183**	0.025	0.064	-0.130**	0.090**
Issueamount	-0.330***	0.425***	1	0.416**	-0.332*	0.401**	-0.077	0.106**	-0.004	-0.067***
Term	0.204***	0.247	0.445**	1	0.025	0.193**	-0.091***	-0.076	0.085**	-0.209***
Couponrate	0.463***	-0.226*	-0.308	0.016	1	0.005	0.039**	-0.044	0.093**	-0.287**
Lev	0.021*	0.181**	0.377***	0.204**	0.019	1	-0.018	0.096*	-0.026	0.059
ROA	-0.189***	0.046***	-0.051	-0.096**	0.034***	-0.015	1	0.070	0.157**	-0.119**
Turn	-0.036	0.078	0.110**	-0.078	-0.036	0.128**	0.179*	1	0.008	-0.035
SLOP	-0.097*	-0.126**	0.041	0.096**	0.128**	0.017	-0.154*	-0.019	1	-0.433***
GDP	-0.041**	0.105**	-0.078***	-0.153**	-0.214**	0.051**	-0.154**	-0.024**	-0.421**	1

注：*，**，***分别表示变量之间的相关性在10%、5%、1%置信水平上显著。下三角为 Pearson 相关系数，上三角为 Spearman 相关系数。

三 持股比例与债券风险溢价多元回归分析

根据模型（4.1），我们将债券特征变量、公司特征变量和宏观经济指标作为控制变量，采用面板多元回归方法检验机构投资者持股比例对债券风险溢价的影响，回归结果见表4.4。

（1）列选取表示债券、公司主要特征的变量作为控制变量。结果显示，机构投资者持股比例能显著降低债券风险溢价（系数-0.887，5%显著），假设H1a得到验证。债券发行规模与债券风险溢价显著负相关（系数-0.380，1%显著），与预期一致，说明发行规模越大债券交易越多，可以降低债券流动性风险和信息不对称程度，进而降低债券风险溢价。债券期限与债券风险溢价正相关（系数0.094），与预期结果一致，说明随着债券期限的延长，不确定性增加，公司未来违约的概率提高，债券流动性变差，投资者所承担的违约风险升高，要求的风险溢价上涨。债券票面利率与债券风险溢价呈显著正相关关系（系数0.545，1%显著），与预期一致。资产负债率描述企业违约风险，该指标越大说明企业未来违约的可能性越大，实证结果与预期一致，违约风险升高显著提高了债券风险溢价（系数0.025，5%显著）。总资产收益率描述的是企业盈利能力，盈利能力强的公司风险低，实证结果与预期一致，总资产收益率与债券风险溢价呈显著负相关关系（系数-0.059，1%显著）。总资产周转率描述企业运营能力，回归结果与预期一致，总资产周转率与债券风险溢价负相关（系数-0.004），说明运营能力强的公司现金回流速度快，其变现能力较强，能及时降低公司违约风险，降低债券风险溢价。宏观经济指标国内生产总值和无风险收益率曲线斜率都能显著降低债券风险溢价（系数分别为-0.256、-0.152，分别在10%、1%水平上显著），说明宏观经济增长能使投资者信心增强并预期未来公司违约的概率较低，该结果与预期一致。

表4.4 机构投资者持股比例与债券风险溢价多元回归结果

变量	（1）Spread	（2）Spread	（3）Spread	（4）Spread
Inst	-0.887** (-2.150)	-0.782** (-2.468)	-0.987*** (-2.624)	-0.758** (-2.354)
Issueamount	-0.380*** (-3.403)		-0.143* (-1.746)	
Term	0.094 (0.236)		0.018 (0.428)	
Couponrate	0.545*** (7.216)		0.505*** (5.914)	
B-rate		0.692*** (11.052)		0.839*** (3.39)
Lev	0.025** (2.294)	0.021** (2.164)		
ROA	-0.059*** (-3.858)	-0.050*** (-3.311)		
Turn	-0.004 (-0.887)	-0.002 (-0.938)		
Iss-rate			0.392* (1.776)	0.915*** (3.79)
SLOP	-0.152*** (-6.770)	-0.259*** (-7.918)	-0.059*** (-5.224)	-0.238*** (-7.336)

续表

变量	(1) Spread	(2) Spread	(3) Spread	(4) Spread
GDP	-0.256* (-1.836)	-0.852 (-0.906)	-0.235** (-2.393)	-0.212*** (-5.165)
截距	0.271** (2.078)	0.245** (2.362)	0.396*** (2.850)	0.247** (2.236)
Year	控制	控制	控制	控制
Industry	控制	控制	控制	控制
R^2	0.138	0.205	0.121	0.214
obs.	502	473	426	426

注：***、**、*分别表示在1%、5%、10%水平上显著。括号中报告的是T值。

（2）列选取债券评级替换债券主要特征变量，债券评级能综合反映债券特征信息。实证结果显示，机构投资者持股比例提高能显著降低债券风险溢价，同时信用评级越高，债券风险溢价越高，其余控制变量对债券风险溢价的影响与预期结果一致。（3）列选取发行人主体评级替换公司主要特征变量，结果显示，机构投资者持股比例提高能显著降低债券风险溢价，其余控制变量显著性与符号变化不大。（4）列同时用债券评级与发行人主体评级替换债券和公司主要特征变量，结果没有太多变化。

四 持股期限与债券风险溢价多元回归分析

为了验证假设 H2a 和 H2b，我们根据模型（4.2）和模型（4.3），将债券特征变量、公司特征变量和宏观经济指标作为控制变量，采用面板多元回归方法检验机构投资者持股期限对债券风险溢价的影响，回归结果见表4.5。

表4.5 机构投资者持股期限与债券风险溢价回归结果

变量	（1）长期 Spread	（2）短期 Spread
Inst_long	-0.685**	
	(-2.345)	
Inst_short		0.228
		(0.599)
Issueamount	-0.360***	-0.451***
	(-3.063)	(-4.177)
Term	-0.105**	-0.109**
	(-2.034)	(-2.568)
Couponrate	0.567***	0.565***
	(7.191)	(7.589)
Lev	0.020**	0.021**
	(2.434)	(2.308)
ROA	-0.060***	-0.062***
	(-3.831)	(-4.017)
Turn	-0.004	-0.005
	(-0.701)	(-0.784)
SLOP	-0.163***	-0.177**
	(-7.085)	(-2.493)
GDP	-0.281**	-0.435*
	(-2.264)	(-1.755)
截距	0.395**	0.212**
	(2.056)	(2.225)
Year	控制	控制
Industry	控制	控制

续表

变量	（1）长期 Spread	（2）短期 Spread
R^2	0.123	0.223
obs.	502	502

注：***、**、*分别表示在1%、5%、10%水平上显著。括号中报告的是T值。

根据回归结果我们可以看出以下两点。①机构投资者的长期持股能显著降低债券风险溢价，回归系数为 -0.685，在5%置信水平上显著，假设H2a得到验证。说明机构投资者长期持股以提升公司价值为目的，能更好地起到监督作用，减少管理层短视行为，保护股东和债权人的利益，降低企业未来风险。②机构投资者短期持股与债券风险溢价正相关，但不显著，假设H2b初步得到验证，该结果可能是由于国有企业起到隐性担保作用，致使机构投资者追求短期收益，损害公司价值的行为不能被投资者感知，为此我们在稳健性检验中按产权性质进一步进行回归分析。

五 持股稳定性与债券风险溢价多元回归分析

为了验证假设H3a和H3b，我们根据模型（4.4）和模型（4.5），将债券特征变量、公司特征变量和宏观经济指标作为控制变量，采用面板多元回归方法检验机构投资者持股稳定性对债券风险溢价的影响，回归结果见表4.6。

根据回归结果我们可以看出以下两点。①稳定机构投资者持股能显著降低债券风险溢价，回归系数为 -0.536，在5%置信水平上显著，假设H3a得到验证。说明稳定机构投资者和长期机构投资者持股目的相似，稳定持股能降低公司股票价格波动率，降低违约风险。②不稳定机构投资者持股与债券风险溢价正相关，在10%置信水平上显著，假设H3b得到验证。该结果说明机构投资者的频繁交易会造成股票市场动荡，不利于债券投资者估计企业价值，进而要求高的风险溢价。

表4.6 机构投资者持股稳定性与债券风险溢价回归结果

变量	（1）不稳定 Spread	（2）稳定 Spread
Inst_SIO	0.018* (1.732)	
Inst_LIO		-0.536** (-2.038)
Issueamount	-0.458** (-2.499)	-0.423*** (-3.882)
Term	-0.107** (-2.495)	-0.106 (-1.525)
Couponrate	0.568* (1.869)	0.568** (2.351)
Lev	0.021** (2.204)	0.021*** (3.785)
ROA	-0.060*** (-3.893)	-0.059*** (-3.885)
Turn	-0.004 (-1.285)	-0.004** (-2.055)
SLOP	-0.145*** (-6.881)	-0.165*** (-7.026)

续表

变量	（1）不稳定 Spread	（2）稳定 Spread
GDP	-0.421** (-2.382)	-0.447* (-1.701)
截距	0.356** (2.355)	0.238** (2.350)
Year	控制	控制
Industry	控制	控制
R^2	0.122	0.132
obs.	502	502

注：***、**、*分别表示在1%、5%、10%水平上显著。括号中报告的是T值。

六　稳健性检验

为了增加研究结论的可靠性，本章进行了如下的稳健性检验。

1. 变量设定对结果的影响

为了避免相关变量设定对结果的影响，本书将替换重要的变量以使结果具有可靠性。其中，将机构投资者持股比例的计算方法由机构持股数占A股流通股数的比例替换为机构持股数占全部A股总股数的比例，债券风险溢价使用发行时债券票面利率与同期国债利率的差值表示。再次对相关模型进行回归分析，未列出的回归结果与之前的回归结果相比无显著性变化，说明本书的研究结果具有合理性。

2. 考虑产权性质对结果的影响

不同于西方国家，中国国有企业的比重较大，政府作为控股股东更多地考虑社会公众的利益，这类企业天然具有政府隐性担保的背景，所以同等条件下拥有政府背景的企业违约概率相比民营企业要低，国有上市公司债券持有者对机构投资者的利益侵占可能不敏感。为此，本书区分国有企业和非国有企业进行稳健性检验。

（1）产权性质、机构投资者持股比例和债券风险溢价。

我们依据最终控制人属性将样本分为国有企业和非国有企业。根据模型（4.1），在考虑产权性质的情况下检验机构投资者持股比例对债券风险溢价的影响，回归结果见表4.7。

表4.7 多元回归结果

变量	（1）国有 Spread	（2）非国有 Spread
Inst	-0.107* (-1.665)	-1.346** (-2.557)
Issueamount	-0.217** (-2.525)	-0.779*** (-3.242)
Term	0.058** (2.117)	0.257 (0.706)
Couponrate	0.478*** (-6.988)	0.599*** (-3.839)
Lev	0.018*** (3.712)	0.043*** (3.341)
ROA	-0.034** (-2.565)	-0.116*** (-3.518)
Turn	-0.002 (-0.034)	-0.008 (-0.067)
SLOP	-0.012*** (-7.187)	-0.746*** (-3.546)

续表

变量	（1）国有 Spread	（2）非国有 Spread
GDP	-0.904	-0.553*
	(-0.860)	(-1.852)
截距	0.267**	0.245**
	(2.057)	(2.335)
Year	控制	控制
Industry	控制	控制
R^2	0.169	0.173
obs.	351	151

注：***、**、*分别表示在1%、5%、10%水平上显著。括号中报告的是T值。

根据回归结果，我们看出以下两点。①国有企业和非国有企业中机构投资者持股都能显著降低债券风险溢价，假设H1a再一次得到验证。②非国有企业中的机构投资者持股相比国有企业更能显著降低债券风险溢价，非国有企业回归系数绝对值大于国有企业回归系数绝对值，而且非国有企业回归系数显著性比国有企业强。说明可能由于国有企业中存在政府隐性担保，机构投资者作为外部监督者作用不明显。

（2）产权性质、机构投资者持股期限和债券风险溢价。

在机构投资者持股期限的影响研究中，我们知道机构投资者长期持股能显著降低债券风险溢价，机构投资者短期持股与债券风险溢价正相关，但不显著。该结果可能是由于国有企业存在隐性担保，机构投资者追求短期收益，损害公司价值的行为不能被投资者感知，为此我们考虑按产权性质进一步进行回归分析。回归结果如表4.8所示。

从表 4.8 可以看出，国有企业中短期机构投资者持股比例与债券风险溢价呈正相关关系（系数 0.106），但是不显著。非国有企业中短期机构投资者持股比例与债券风险溢价呈正相关关系（系数 0.628），并且在 5% 水平上显著。假设 H2b 得到验证，即短期机构投资者持股比例与债券风险溢价呈正相关关系，短期机构投资者持股比例越高，企业债券风险溢价越高。这些结果说明了，由于政府具有隐性担保的作用，债券投资者对机构投资者频繁交易所产生的股东对债权人的利益侵占行为不敏感。国有企业和非国有企业中长期机构投资者持股比例与债券风险溢价都呈负相关关系，都在 10% 水平上显著。H2a 得到进一步验证，即长期机构投资者持股比例与债券风险溢价呈负相关关系，长期机构投资者持股比例越高，企业债券风险溢价越低。

表 4.8　多元回归结果

变量	（1）短期国有 $Spread$	（2）短期非国有 $Spread$	（3）长期国有 $Spread$	（4）长期非国有 $Spread$
$Inst\_short$	0.106 （0.341）	0.628** （2.564）		
$Inst\_long$			-0.002* （-1.741）	-1.505* （-1.819）
$Issueamount$	-0.222*** （-2.826）	-0.871*** （-3.691）	-0.219*** （-2.710）	-0.716** （-2.489）
$Term$	0.060 （1.241）	0.299 （1.401）	0.058** （2.158）	0.273 （1.514）
$Couponrate$	0.470*** （7.07）	0.603*** （3.798）	0.480*** （7.164）	0.583*** （3.262）
Lev	0.019** （2.488）	0.046** （2.382）	0.018** （2.271）	0.039** （2.083）

续表

变量	(1) 短期国有 Spread	(2) 短期非国有 Spread	(3) 长期国有 Spread	(4) 长期非国有 Spread
ROA	-0.034*** (-2.622)	-0.124*** (-3.603)	-0.037*** (-2.757)	-0.108*** (-3.022)
Turn	-0.006 (-0.236)	-0.010** (-2.522)	-0.017 (-0.077)	-0.007 (-1.583)
SLOP	-0.053*** (-7.396)	-0.677*** (-3.361)	-0.004*** (-7.022)	-0.822*** (-3.732)
GDP	-0.987* (-1.886)	-0.671 (-1.301)	-0.921* (-1.754)	-0.044 (-0.729)
截距	0.263** (2.356)	0.243** (2.250)	0.277*** (2.606)	0.259** (2.237)
Year	控制	控制	控制	控制
Industry	控制	控制	控制	控制
R^2	0.171	0.161	0.169	0.175
obs.	351	151	351	151

注：***、**、*分别表示在1%、5%、10%水平上显著。括号中报告的是T值。

(3) 产权性质、机构持股稳定性和债券风险溢价。

我们按照最终控制人属性将样本分为国有企业和非国有企业。根据模型（4.4）和模型（4.5），在考虑产权性质情况下检验机构投资者持股稳定性对债券风险溢价的影响，回归结果见表4.9。

从表4.9可以看出，国有企业和非国有企业中不稳定机构投资者持股都能提高债券风险溢价，且分别在10%和5%水平上显著，假设H3b进一步得到验证。其中非国有企业中不稳定机构投资者持股更能显著提高债券风险溢价（系数非国有1.011＞系数国有 0.026），说明没有政府担保和扶持的非国有企业，面对不稳定机构投资者的持股行为，其公司价值波动较大，这造成债券投资者出于保护自身利益不受侵害的目的会提高要求的风险溢价。国有企业和非国有企业中稳定机构投资者持股都能降低债券风险溢价，且分别在10%和5%水平上显著，假设H3a进一步得到验证。

表4.9 多元回归结果

变量	（1）不稳定 国有 Spread	（2）不稳定 非国有 Spread	（3）稳定 国有 Spread	（4）稳定 非国有 Spread
$Inst\_SIO$	0.026* (1.794)	1.011** (2.393)		
$Inst\_LIO$			-0.087* (-1.712)	-1.474** (-2.027)
$Issueamount$	-0.225* (-1.857)	-0.888** (-2.226)	-0.219*** (-2.749)	-0.789*** (-3.327)
$Term$	-0.058** (-2.158)	-0.304 (-1.023)	-0.058** (-2.183)	-0.24 (-1.592)
$Couponrate$	0.480*** (7.206)	0.619*** (3.916)	0.481*** (7.217)	0.594*** (3.816)
Lev	0.018 (1.373)	0.045** (2.479)	0.018 (0.393)	0.041** (2.214)
ROA	-0.035*** (-2.647)	-0.122*** (-3.598)	-0.034*** (-2.612)	-0.122*** (-3.704)
$Turn$	-0.003 (-0.281)	-0.010** (-2.546)	-0.001 (-0.059)	-0.008** (-2.110)
$SLOP$	-0.019*** (-7.197)	-0.717*** (-3.467)	-0.019*** (-7.252)	-0.790*** (-3.641)

续表

变量	（1）不稳定国有 Spread	（2）不稳定非国有 Spread	（3）稳定国有 Spread	（4）稳定非国有 Spread
GDP	-0.952** (-2.236)	-0.836 (-1.572)	-0.942* (-1.747)	-0.800** (-1.861)
截距	0.301** (2.012)	0.234** (2.344)	0.277** (2.373)	0.277** (2.371)
Year	控制	控制	控制	控制
Industry	控制	控制	控制	控制
R^2	0.170	0.152	0.171	0.209
obs.	351	151	351	151

注：***、**、*分别表示在1%、5%、10%水平上显著。括号中报告的是T值。

3. 考虑股权集中度对结果的影响

所有权分散的一个重要弱点是，分散的所有者缺乏解决管理机构问题的手段和动机。在信息不对称和利益失衡的情况下，所有者/委托人与经理人/代理人之间存在管理机会主义相关问题，如管理人员缺乏努力、在职消费等（Fama and Jensen, 1983），这些问题严重侵害债权人的利益。我国资本市场发展不完善，投资者保护不到位，外部机构投资者由于具备专业的知识和完备的信息收集和分析技术，可以起到一定的监督作用，防止出现损害公司价值的事件，保障股东和债权人的利益，但是他们只能通过集中持有的股权才能有效地履行职能。集中的所有权为他们参与治理提供了更有力的激励，以及通过直接进入策略和利用他们集中投票权的威胁来影响管理者的手段（David et al., 2007）。因此，集中的机构股东可以刺激甚至强迫企业领导者为机构股东的利益而工作。此外，在较少的对抗环境下，集中的机构股东也可以利用其丰富的资源和知识来提高管理和组织能力，进而抵御公司未来的风险（Carney and Gedajlovic，2001；Weidenbaum and Hughes，1996），与此同时，债权人同样获益，降低要求的风险溢价。拥有一个富有、集中的机构投资者也可以帮助企业度过危机时期，出于维持其控制权地位的目的，该机构投资者在企业危机时期能够加大资金支持力度，这种支持可以帮助公司缓解业绩下滑所带来的压力，降低企业风险，降低公司违约概率，降低企业的债券风险溢价（Friedman et al.，2003）。

虽然集中的所有者可能诱使管理层为了自己的利益而经营公司，但这些利益不一定与中小股东的利益一致。公司治理除了需要关注管理者与股东之间的代理问题，还需要关注大股东与中小股东的利益分配问题，即"大股东的隧道行为"（Bae et al.，2002；Bertrand et al.，2002）。"隧道"可以随时发生，在经济危机或金融危机时尤为常见。大股东的"隧道行为"既损害了中小股东的利益，又侵占了债权人的利益（Gedajlovic and Shapiro，2002），债权人一旦识破这种"剥削"行为，就会提高要求的风险溢价。大股东可以通过自营交易或关联交易将资源从重点企业转移到其他企业，该方法严重损害了公司价值，并且能够影响企业业绩，间接增加企业债务再融资的成本。作为公司的大股东，其可以通过设置高于市场水平的分红比例来剥夺少数股东和债权人的既得利益（Chen et al.，2005）。

基于此，本书将从股权集中度的视角分析机构持股对债券风险溢价的影响。我们将机构持股比例高于等于3%的定义为高集中组，将低于3%的定义为低集中组（Holderness，2007），并分别求和计算公司当年高集中组（$Inst\_hight$）和低集中组（$Inst\_low$）的机构投资者持股比例。回归结果如表4.10所示。

表4.10　机构投资者持股集中度与债券风险溢价回归结果

变量	（1）低集中 Spread	（2）高集中 Spread
Inst_low	-0.445 (-1.480)	
Inst_hight		-0.747** (-2.287)
控制变量	总体显著	总体显著
Year	控制	控制
Industry	控制	控制
R^2	0.227	0.234
obs.	502	502

注：** 表示在5%水平上显著。括号中报告的是T值。

根据回归结果我们可以看出以下两点。①机构投资者持股高度集中能显著降低债券风险溢价，回归系数为-0.747，在5%置信水平上显著。说明集中的股权能赋予机构投资者更多的话语权，使其更好地参与公司治理。②机构投资者持股低集中度与债券风险溢价负相关，但不显著，该结果更加说明机构投资者需要获取一定的所有权地位才能通过减少信息不对称、监督激励、参与公司治理等方式保护股东利益的同时，使债权人获益。

进一步研究股权集中度、机构投资者持股期限对债券风险溢价的影响。回归结果如表4.11所示。

表 4.11　股权集中度、机构持股期限与债券风险溢价回归结果

变量	（1）长期低集中 Spread	（2）长期高集中 Spread	（3）短期低集中 Spread	（4）短期高集中 Spread
Inst_long	-0.273* (-1.844)			
Inst_long		-0.871** (-2.017)		
Inst_short			0.024 (0.613)	
Inst_short				0.795** (2.472)
控制变量	总体显著	总体显著	总体显著	总体显著
Year	控制	控制	控制	控制
Industry	控制	控制	控制	控制
R^2	0.187	0.237	0.239	0.206
obs.	502	502	502	502

注：***、**、*分别表示在1%、5%、10%水平上显著。括号中报告的是T值。

根据回归结果我们可以看出，在长期机构投资者中，高集中组相比低集中组更能显著降低债券风险溢价（0.871大于0.273），说明集中的股权有利于长期机构投资者发挥治理作用，同时机构长期持股且持股规模较大的公司给债券投资人传递的是积极的信号。在短期机构投资者中，低集中组的影响依然不显著，但高集中组的影响变得显著，显著提高了债券风险溢价，说明机构大规模短期持股行为损害了公司利益，给债券投资人传递的是一种消极的信号，提高了债券风险溢价。类似的，在考虑股权集中度对机构持股稳定性的作用方面，未列出的回归结果显示，集中的股

权加强了机构投资者持股行为的影响效力，回归结果稳健。

本章小结

本章以 2009~2016 年发行债券的中国上市公司为样本，用债券到期收益率与剩余期限相同的国债到期收益率之差表示债券风险溢价，从持股比例、持股期限、持股稳定性方面深入研究机构投资者持股行为特征对债券风险溢价的直接影响。研究发现，机构投资者持股比例越高越能显著降低债券风险溢价。机构投资者的长期持股能显著降低债券风险溢价，长期持股能更好地起到监督作用，减少管理层短视行为，保护股东和债权人的利益，降低企业未来风险。机构投资者的短期持股与债券风险溢价正相关，但不显著。在进一步区分产权性质的稳健性检验中得到，国有企业存在隐性担保作用，致使机构投资者追求短期收益，损害公司价值的行为不能被投资者感知，非国有企业中短期机构投资者持股能显著提高债券风险溢价。稳定持股与债券风险溢价负相关，这可能是由于稳定机构投资者有利于降低公司股票价格波动率，降低违约风险。相反，不稳定机构投资者的频繁交易会造成股票市场动荡，不利于债券投资者估计企业价值，进而要求高的风险溢价。为了加强论证，本章进一步区分产权性质并再次进行回归分析，结果一致。同时考虑股权集中度的影响，集中的股权可以增强机构持股行为的影响效果。

第五章
公司治理视角下机构持股对债券风险溢价的影响

本章在研究机构投资者对债券风险溢价是否有影响的基础上,进一步研究如何影响的问题。从公司治理的四个方面研究机构投资者不同持股行为特征对债券风险溢价的影响路径,研究发现机构投资者持股比例、持股期限、持股稳定性可以从不同的公司治理路径影响债券风险溢价,以股东治理、董事会治理、管理层治理、信息环境治理为框架的公司治理在不同程度上扮演着中介者的角色。

债权人非常关注公司治理状况,因为公司治理质量低、治理结构不完善可能使公司的财务状况恶化和降低投资者保护水平,使债券持有人利益容易受损。Sengupta(1998)使用新发债的实际收益率表示债券风险溢价,发现企业信息披露质量评级与债券风险溢价之间存在负相关关系。Bhojraj 和 Sengupta(2003)发现,董事会外部董事比例较高、机构所有权较集中的企业债券收益率较低。但是 Sengupta(1998)和 Bhojraj 等(2003)在对公司治理变量的分析中,仅设置了一组代理变量,分析和描述并不全面。为了更全面地分析机构投资者持股通过公司治理手段影响债券风险溢价,我们参考标准普尔(2002)制定的框架来评估企业的公司治理结构:股东治理、管理层治理、董事会治理和信息环境治理四个方面。通过这四个方面的研究,我们将找到机构投资者基于公司治理对债券风险溢价的影响路径,为公司、投资者和政策制定者提供相关理论和现实依据。

第一节 理论分析与研究假设

一 机构投资者持股、股东治理和债券风险溢价

除美国外,其余很多国家的公司所有权都是高度集中(Denis and McConnell, 2003),特别是在我国,一股独大的现象普遍存在(徐向艺、王俊韡,2011),这往往削弱了股东大会的监督治理作用,大股东的意志往往起到了决定性作用,很容易造成大股东为了获取私人收益侵占小股东利益的行为,同时会损害债权人的利益(Shleifer and Vishny, 1986)。拥有较高股权比例的大股东可以利用其影响力,迫使管理层进行更多的风险投资,从而获得较高的私人收益,其结果是股东作为一个群体可以获得全部公司潜在价值提升得到的收益,但债券持有人却由于收益结构的不同不能分享公司的超额收益,其实质是债权人承担大部分的风险成本,股东却享受大部分的风险收益(Bhojraj and Sengupta, 2003)。Dann 和 DeAngelo(1983)利用大股东有针对性的股票回购证实了在"财富再分配"的假设下,随着大股东持股比例的提高,这些股东利用其影响力增加了掠夺债券持有人财富的概率。郑国坚

和林东杰等（2013）使用1999~2008年工业企业数据，基于掏空方财务状况的动态行为研究，说明了在公司面临财务困境时大股东对上市公司的非法资金占用行为异常明显，显示出强烈的掏空动机，该行为损害了中小股东和债权人的既得利益，增加了公司的违约风险。白云霞等（2013）以控制权转移公司为样本，证实大股东持股比例与公司负债呈显著正相关关系，大股东可以通过负债来侵占中小股东的利益，随着公司负债的增加，公司风险上升，违约概率升高。

机构投资者作为持股规模较大的中小股东代表，与个体投资者相比，具备规模、信息和人员优势，为了获得超额回报，有动机和能力监督内部人控制行为，从而减少代理成本、保护中小投资者及债权人自身利益（Guercio et al.，2008；Cheng and Degryse，2010）。由于机构投资者的投资动机不同，所以其持股稳定性和持股期限是非常重要的（Brickley et al.，1988；Woidtke，2002）。稳定的和长期的机构投资者持股出于长期利益最大化的目的，通过监督作用减少大股东的资金占用行为，保护中小股东的利益，同时公司价值的增长降低了公司的违约风险，同样有利于债权人（Chen et al.，2007a）。叶松勤和徐经长（2013）从投资效率角度研究机构投资者对大股东控制权私利的治理效应，结果发现，大股东持股比例与非效率投资正相关，机构投资者能有效抑制大股东的非效率投资行为。张娆（2014）研究发现，机构投资者不仅能有效地抑制大股东侵害小股东利益的行为，而且对提升公司价值有显著效果。吴先聪等（2016）从不同特征的机构投资者入手，研究了独立与非独立机构投资者、长期与短期机构投资者对大股东关联交易掏空行为的抑制作用，结果表明独立机构投资者和持股时间较长的机构投资者能有效抑制关联交易中大股东的掏空行为。

虽然上文表明机构投资者持股能有效抑制大股东的掏空行为,但是机构投资者的消极主义行为却加剧了大股东掏空行为。频繁交易的不稳定投资者和短期机构投资者可以与大股东串谋,他们不可能以监督公司治理为目标,凭借其信息优势,其动机仅仅是用最短的时间获得最高的回报,容易造成股价波动,进而损害公司长期利益,增加公司风险(Yan and Zhang,2007)。根据财富转移假说,长期和稳定机构投资者与大股东利益一致时,风险转移、资产置换、债务违约(Myers,1977)、不利支出政策可能导致很高的债务代理成本,以及使公司面临收购或重组风险(Parrino,1997;Klein and Zur,2011),机构投资者可以使债券持有人的利益向股东转移,这增加了债务的代理成本,对债券持有人是有害的。陈灿(2016)基于2010~2015年的A股日收益数据和资金流量日度数据,对大股东减持事件前后的机构投资者交易行为进行研究。实证结果表明,大股东利用内部人优势精准选择了减持时机,机构投资者能够利用自身的信息优势提前获取大股东减持的信息,通过大量卖出被减持股票来避免损失。大股东减持意愿越强烈,减持事件前后超额收益越低,机构投资者资金净流出越多。中小投资者和债权人的利益受到了大股东内部人优势和机构信息优势的双重侵害。

以上分析表明,大股东的掏空行为能够影响债券风险溢价;机构投资者积极主义行为能够抑制大股东的掏空行为,机构投资者消极主义行为能够增加大股东的掏空行为。基于此,本书提出如下假设。

H1:股东治理是机构投资者持股与债券风险溢价的中介变量,即机构投资者持股通过影响大股东掏空行为来影响债券风险溢价。

二 机构投资者持股、董事会治理和债券风险溢价

以往的研究普遍认为，董事会治理和公司绩效之间存在正相关关系，好的公司业绩可以提高信用评级，降低债券风险溢价。Bhojraj 和 Sengupta（2003）认为，外部董事的监督作用与债券持有者的利益息息相关，董事会外部董事比例较高的公司可以更好地进行监督管理。因此，债券持有人面对的剥削风险较小会导致较高的债券评级和较低的债务收益率。Imhoff（2003）认为，当公司现任或前任首席执行官兼任董事会主席时，董事会治理就会受到严重影响，这是因为董事会主席经常设定董事会的议程，从而控制董事会提出的问题。此外，担任董事会主席的首席执行官经常对候选人席位产生重大影响，新董事会成员即使是"局外人"也不会不受管理层掌控。董事会 CEO 的权力可能减少董事会对机会主义管理的约束，从而增加高管利益侵占行为，使债券投资者的利益受到侵占、公司未来的债券风险溢价升高。董事会薪酬是董事会治理组成部分的另一个要素。Jensen（1993）认为，公司所有权更集中的董事会更有可能在监督管理和履行其信托责任方面做得更好，根据这个猜想，Dahiya 和 Yermack（2003）发现，董事股票和期权奖励与企业的投资机会和企业绩效正相关，业绩好的公司未来违约风险低，产生低债券风险溢价。

机构投资者和外部董事在降低公司风险和信息不对称风险方面发挥了积极作用。Marais 等（1989）发现，机构投资者和独立董事的作用使债券持有人在公司杠杆收购中没有利益损失。Ajinkya 等（2005）发现，拥有更多外部董事和机构所有权的公司更有可能发布公司未来财务风险的预测，这些预测往往更加具体、准

确，为中小投资者和债权人提供评估企业价值的依据。韩晴和王华（2014）通过实证分析认为，独董险和机构投资者形成显著的共同治理效果。对于管理层代理问题，独董险与机构投资者的共同机制对管理费用率有显著的控制作用，形成对显性代理行为的有效监督；机构投资者对ROA有显著的提升能力，在一定程度上弥补了独立董事对隐性代理行为监督的不足。谢德仁和黄亮华（2013）运用我国上市公司2002~2010年的数据研究公司代理成本和独立董事津贴之间的关系，以及机构投资者的监督对两者关系的影响。研究结果显示，独立董事津贴与独立董事所在公司代理成本之间存在正相关关系，机构投资者监督强化了这一正相关关系，且这两种关系主要出现在代理成本相对低的公司。独立董事已在一定程度上认识和重视公司的代理成本，且可能要求不同程度的津贴水平为其面临的代理问题寻求风险补偿，而机构投资者的监督促进了独立董事重视所在公司的代理成本，从而进一步提高其风险补偿。吴晓晖和姜彦福（2006）采用面板数据模型及混合截面数据模型考察了机构投资者对独立董事治理效率的实际影响，研究发现，引入机构投资者后，独立董事治理效率显著提升，而且在机构投资者长期持股的样本中，机构投资者持股比例与后一期独立董事比例显著正相关，从而证实了机构投资者在促进独立董事制度建设上的积极作用。

以上分析表明，董事会治理能够影响债券风险溢价；机构投资者持股能影响董事会治理水平。基于此，本书提出如下假设。

H2：董事会治理是机构投资者持股与债券风险溢价的中介变量，即机构投资者持股通过影响董事会治理水平来影响债券风险溢价。

三 机构投资者持股、管理层治理和债券风险溢价

除大股东利益侵占的代理问题，我们还应该考虑管理层治理对债券风险溢价的影响。已有很多学者表明，当公司治理机制不完善、监督力度不足时，管理层可能为了自身利益而实施偏离企业价值最大化目标的风险决策，该结果会导致管理层对中小股东和债权人的利益侵占。管理层的短视行为是追求短期最大化业绩回报而忽略提升公司长期价值的行为（DeAngelo and Rice，1983；Dechow and Sloan，1991；Murphy and Zimmerman，1993），并且管理层为了扩大和增加公司规模及可能的总薪酬而进行无利可图的投资，损害的是公司长期价值。如果治理机制可以降低管理层的代理风险，那么公司治理更强的公司就应该拥有更低的债券风险溢价。Core 等（1999）通过研究 CEO 寻租行为证明了公司治理较弱的公司 CEO 相较于公司治理较强的公司，会得到更多的额外报酬，而且发现投机级债券的公司比投资级债券的公司更倾向于过度补偿其 CEO。管理层是主导公司大多数重大决策的中坚力量，但由于信息和视野等多方面的影响，不是每一个决策都是完美的，管理层错误的判断可能引起公司业绩的恶化，增加公司的不确定性风险，从而损害债券持有者利益。CEO 可以通过各种手段（例如，过度的报酬和补贴消费及浪费的收购等）从股东手中夺取财富，这可能减少企业的预期现金流，最终降低其价值，增加公司违约风险。持有此观点的 Bebchuk 等（2011）提供了强有力的证据，强大的首席执行官权力会增加股东的代理成本，最终导致公司价值的损失。权力较大的管理层还可能更好地利用其在企业内部的影响力，以促进自己的利益。当这种情况发生时，股东和债券持有者的情况就会变差（Liu and Jiraporn，2010），最终

第五章 公司治理视角下机构持股对债券风险溢价的影响

影响债券风险溢价。

随着机构投资者持股比例的提高，作为重要的股东，其具有较强的监督力量去监督管理层的机会主义行为，减少代理成本，保护股东和债权人的利益。国内外学者都已经证实了机构投资者可以有效地监督高管利益侵占，如 Hartzell 和 Starks（2003）在对企业规模、行业、投资机会和绩效进行控制之后，发现机构所有权集中度与高管薪酬的薪酬绩效敏感度呈正相关关系，与薪酬水平呈负相关关系，结果表明，这些机构在减轻股东和管理者之间的代理问题方面发挥了监督作用。国内学者吴先聪等（2016）基于薪酬契约设计理论，探讨了机构投资者特质对高管薪酬及其私有收益的影响，发现长期机构投资者能够显著降低高管的货币型和非货币型私有收益。机构投资者对管理层治理的加强可以降低债券风险溢价。Switzer 和 Wang（2017）将机构投资者分为长期持股型和短期持股型，与短期机构投资者相比，长期机构投资者可以发挥重要的监管作用，减少管理层和利益相关者之间的管理机会主义行为和机构间冲突，这将有利于债权人，从而降低债券风险溢价，符合共同利益假说。Almazan 等（2005）发现，当机构的监督隐含成本较低时，机构对经理的薪酬绩效敏感性和薪酬水平的影响增强，表明机构投资者在监督公司管理方面具有优势。Parrino 等（2003）通过研究被迫 CEO 变更后机构所有权变化来说明机构投资者"用脚投票"的监督作用，发现机构所有权变动的措施与强迫 CEO 变更的可能性负相关。

虽然机构投资者等外部股东的监督可能是有益的（Shleifer and Vishny，1986；Huddart，1993），但其监督成本是高昂的。这种监督行为需要机构投资者专门对其投资的公司进行独立的信息追踪和分析，其中包含流动性成本（Kahn and Winton，1998）。

而且其他类型股东和中小型机构投资者还会存在搭便车问题（Grossman and Hart，1980），这些外部股东的监督激励降低，难以提高公司治理水平和降低代理成本。邓可斌和唐小艳（2010）从管理层盈余管理的视角分析机构投资者的治理作用，发现短期机构投资者为了追求短期超额收益，可能与管理层发生串谋行为，管理层利用盈余管理美化公司业绩，提升股价，与此同时短期机构投资者可以获取高额收益。Lin 和 Manowan（2012）考察了外部投资者对盈余管理的影响，发现拥有高营业额的多元化投资组合的短期机构投资者和会计应计利润之间存在显著的正相关关系。

以上分析表明，管理层利益侵占行为能够影响债券风险溢价；机构投资者积极主义行为能够抑制高管私人收益及盈余管理等利益侵占行为，机构投资者消极主义行为却可能使机构投资者与管理层发生串谋，损害其他股东和债权人的利益。基于此，本书提出如下假设。

H3：管理层治理是机构投资者持股与债券风险溢价的中介变量，即机构投资者持股通过对高管的监督来减少其私有收益侵占，进而影响债券风险溢价。

四　机构投资者持股、信息环境治理和债券风险溢价

信息透明度是影响债券风险溢价的一个重要因素。Duffie 和 Lando（2001）提出，不完全的会计信息能够造成对企业价值的不准确认识，从而导致对收益率分布期限结构形态的不同预测。Liao 等（2009）证明，信息不对称对银行信用评级所隐含的违约概率与结构信用模型所估计的违约概率之间的差异起着至关重要的作用，信息不对称增加了股东和债权人之间的利益冲突。Green

(2004)研究了围绕宏观经济消息释放的交易对政府债券价格的影响。结果表明,经济公告后交易信息作用显著增强,表明公开信息的释放提高了政府债券市场的信息不对称程度。Mansi 等(2004)表明,审计师质量和审计师任期都会影响债券持有人的信息环境。Yu(2005)表明,较低的会计透明度可能导致公司隐藏坏消息,披露排名靠前、会计透明度较高的公司的债券风险溢价较低。国内学者周宏等(2012)使用无形资产占总资产账面价值的比例表示信息不对称程度,结果发现信息不对称程度与企业债券风险溢价呈显著正相关关系。

机构投资者因为面临高风险而有动机收集有关该公司的信息。此外,由于规模经济,机构投资者的信息收集成本可能较低。参与主动监测的机构投资者可能通过这个过程获得信息优势,机构往往会迫使企业加速信息披露,从而缓解信息不对称。Chang 和 Gurbaxani(2012)表明短期和不稳定机构投资者提高了信息环境的透明度,将使企业以更低的成本发行债券,与长期监管企业的机构投资者相反,短期机构投资者通常通过"退出"来监督企业,即"用脚投票"。基于私有信息和通过"退出"进行监控的短期机构交易,可以创造一个更加透明的信息环境,从而降低债券持有人的成本,同时反映在较低的债券风险溢价上。从这个角度来看,短期投资者的机构交易可以改善企业的信息环境,从而降低信息不对称给债券投资者带来的不确定性风险。同样,Edmans(2009)认为短期和不稳定机构投资者对公司及其利益相关者有利,他们的销售能力完善了嵌入价格的信息,创造了更加透明的信息环境。与此假设相反,Porter(1992)认为,不稳定机构投资者可能使管理层过度关注短期绩效指标,如季度收益,很容易造成管理层对盈余的粉饰,降低信息真实度。Burns

等（2010）也表明，短期机构投资者持股与盈余管理正相关，不利于投资者评估企业价值，提高了公司与投资者的信息不对称程度。Bushee（2001）表明，短期投资者的存在增加了经理人减少研发以扭转收益下降局面的可能性，可以增加公司预期的短期收益，传递出一种消极投机信号。

以上分析表明，信息环境治理能够影响债券风险溢价；机构投资者持股能影响信息不对称。基于此，本书提出如下假设。

H4：信息环境治理是机构投资者持股与债券风险溢价的中介变量，即机构投资者持股通过影响信息不对称来影响债券风险溢价。

第二节 研究设计

一 样本与数据收集

由于银行间债券市场具有同质化的特点，风险偏好一致，难以发挥市场传导作用，所以本书选取沪深两市上市公司交易所债券为研究样本。中国证监会于2007年8月发布了《公司债券发行试点办法》，此后企业债开始得到重视与加速发展。同时，为了避免金融危机对研究结果产生结构性影响，本书所使用的样本区间是2009~2016年。

根据研究需要，我们按照如下原则对样本进行了筛选。①本书只保留了固定利率的债券，因为固定利率债券能更好地描述债券投资者的风险敏感性。②由于要用到上一年的财务数据，所以剔除了IPO当年的样本。③剔除金融类公司，因为金融类公司具有特定的财务处理方法和受到不同于其他企业的法律约束。④剔除数据缺失的样本。⑤剔除 ST 和 *ST 的公司，因为该类公司连年亏损，对投资者的风险敏感性具有较大影响。⑥为了剔除异常值对实证结果的影响，对样本中所有连续变量都在 1% 和 99% 分位数上做了 Winsorize 处理。样本中的债券信息、企业财务信息、股权结构信息、公司治理信息等数据均来自 Wind 数据库、国泰安数据库、CCER 数据库，对于部分缺失数据进行手工整理，所有变量都是通过股票代码和债券代码进行匹配。

二　模型构建

$$Spread = \alpha + \beta_c Inst + \beta_i Control + Industry + Year + \varepsilon \quad (5.1)$$

$$Agent = \alpha + \beta_a Inst + \beta_i Control + Industry + Year + \varepsilon \quad (5.2)$$

$$Spread = \alpha + \beta'_c Inst + \beta_b Agent + \beta_i Control + Industry + Year + \varepsilon \quad (5.3)$$

其中，$Spread$ 为债券利差表示债券风险溢价，$Inst$ 表示机构投资者持股相关变量，$Agent$ 表示中介变量，$Control$ 为控制变量，涉及债券特征、公司特征和宏观经济特征，具体设定和度量方法见变量描述。除此之外，考虑到企业的行业特性和宏观经济周期变动对研究的影响，本书控制了行业（$Industry$）和年度（$Year$）变量。

为检验机构投资者持股对债券风险溢价的影响路径，本书参考 Baron 和 Kenny（1986）的逐步回归中介变量法并结合 Sobel（1982）的方法来检验中介效果的显著性。逐步回归中介变量法是利用三个回归方程来检验是否存在中介效应，效果如图 5.1 所示。

```
    Inst            Inst                    Inst        β'c
     ↓ βc            ↓ βa                    ↓          ↘
   Spread          Agent ──→ Spread        Agent ──→ Spread
                                                 βb
    （1）            （2）                      （3）
```

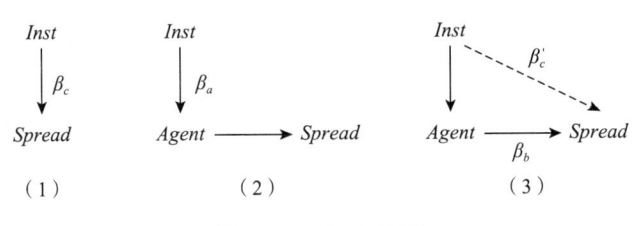

图 5.1　中介效果

（1）根据模型（5.1）检验自变量机构投资者持股（$Inst$）对因变量债券风险溢价（$Spread$）的总效应$β_c$。

（2）根据模型（5.2）检验自变量机构投资者持股（$Inst$）对公司治理类中介变量（$Agent$）的效应$β_a$。

（3）根据模型（5.3）检验控制自变量（$Inst$）后，公司治理类中介变量（$Agent$）对因变量（$Spread$）的效应$β_b$，这时自变量对因变量的效应是$β'_c$。

如果$β_c$不显著则不存在中介效应。如果$β_c$显著，且$β_a$、$β_b$都显著，说明中介效应显著，继续检验中介效应强度。如果$β'_c$也显著则存在部分中介效应，如果$β'_c$不显著则存在完全中介效应。如果$β_c$显著，且$β_a$、$β_b$至少有一个不显著，则根据Sobel（1982）的方法来检验中介效果的显著性。Sobel检验直接检验系数的乘积是否等于0，检验统计量为Z。

$$Z = \frac{\hat{β_a}\hat{β_b}}{S_{β_a β_b}},\ S_{β_a β_b} = \sqrt{\hat{β_a^2}S_{β_b}^2 + \hat{β_b^2}S_{β_a}^2} \tag{5.4}$$

其中$\hat{β_a}$、$\hat{β_b}$是$β_a$和$β_b$的估计值，$S_{β_a β_b}$是$\hat{β_a}\hat{β_b}$的标准误。如果Z值显著说明中介效应显著。具体中介效应检验流程如图5.2所示。

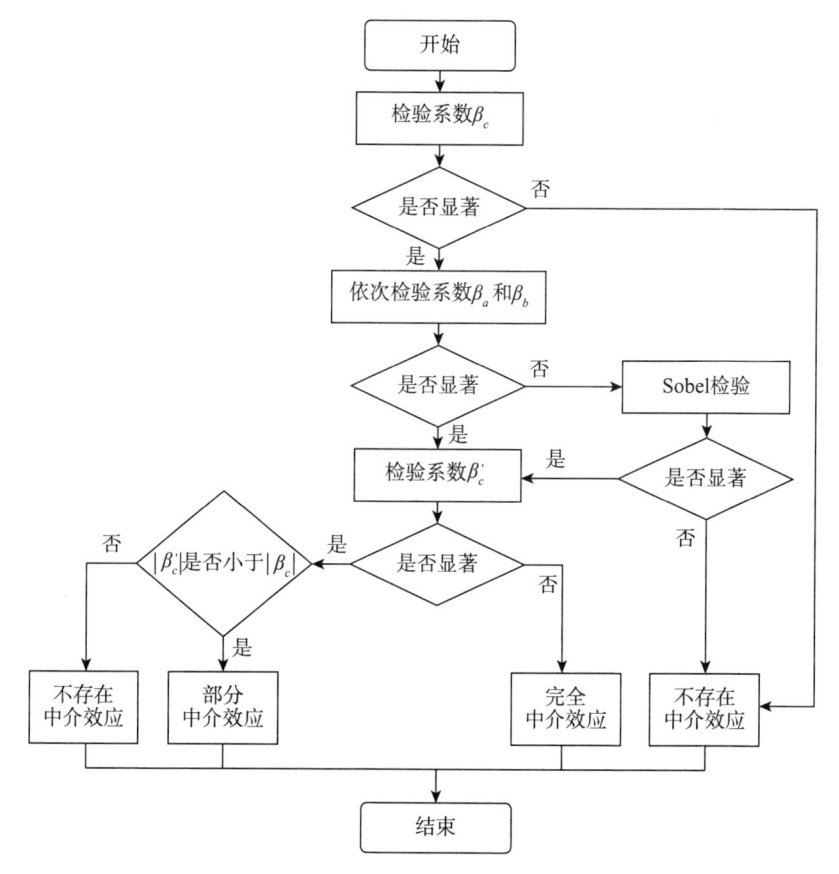

第五章 公司治理视角下机构持股对债券风险溢价的影响

图 5.2 中介效应检验流程

三 变量描述

变量定义与描述方法如表 5.1 所示。

表 5.1 变量定义

变量类型	变量符号	变量含义
被解释变量	*Spread*	债券风险溢价。用债券到期收益率与剩余期限相同的国债到期收益率之差表示

续表

变量类型	变量符号	变量含义
公司治理变量	Occupy	股东治理。大股东资金占用，（应收款项 – 预付款项）/年末总资产
	Salary	管理层治理。高管薪酬业绩敏感性，高管薪酬增长率/公司业绩增长率
	Director	董事会治理。独立董事比例
	Opaque	信息环境治理。过去3年操纵性应计项目绝对值之和
解释变量	Inst	机构投资者持股比例合计
	Inst_long	长期机构投资者持股比例。持股1年及以上的机构投资者持股比例合计
	Inst_short	短期机构投资者持股比例。持股1年以下的机构投资者持股比例合计
	Inst_LIO	稳定机构投资者持股比例。投资水平波动率低于前3年的波动率
	Inst_SIO	不稳定机构投资者持股比例。投资水平波动率高于前3年的波动率
债券特征控制变量	Issueamount	债券发行规模。取对数
	Term	债券期限
	Couponrate	债券票面利率
公司特征控制变量	Lev	资产负债率。描述企业偿还能力，负债的账面价值/总资产
	ROA	总资产收益率。描述企业盈利能力，（净利润×2）/（期初总资产＋期末总资产）×100%
	Turn	总资产周转率。描述企业运营能力，（营业总收入×2）/（期初总资产＋期末总资产）×100%
宏观经济特征控制变量	GDP	国内生产总值。描述宏观经济增长，取对数
	SLOP	无风险收益率曲线斜率。10年期与1年期国债到期收益率之差
	Industry	行业类别虚拟变量
	Year	宏观年度虚拟变量

第五章 公司治理视角下机构持股对债券风险溢价的影响

1. 债券风险溢价（Spread）

债券风险溢价（Spread），采用债券利差表示，被定义为债券到期收益率与剩余期限相同的国债到期收益率之差。

2. 机构投资者持股

（1）机构投资者持股比例（Inst）。

该指标等于机构投资者持股数量占上市公司 A 股流通股的比例。

（2）机构投资者持股期限。

本书根据 Bohren 等（2005）提出的"持股保持"概念，把在某家公司中连续持股一年及以上的某个机构投资者定义为长期机构投资者，低于一年的定义为短期机构投资者，进而计算出长期机构投资者持股比例（Inst_long）及短期机构投资者持股比例（Inst_short）。

（3）机构投资者持股稳定性。

为了描述机构投资者持股稳定性，借鉴 Huang 和 Petkevich（2016）的研究方法，通过计算机构投资者的投资水平波动率来划分稳定机构投资者和不稳定机构投资者。首先，我们计算机构投资者 k 在 t 年的投资水平波动率；其次，我们计算机构投资者 k 在过去 3 年的平均投资水平波动率；最后，如果机构投资者 k 在 t 年的投资水平波动率低于平均波动率，我们定义该机构投资者为稳定机构投资者，将所有标识为稳定机构投资者的持股比例计算求和，得到公司当年稳定机构投资者持股比例（Inst_LIO），如果当年投资水平波动率高于平均波动率，我们将其定义为不稳定机构投资者，类似的，可以得到公司当年不稳定机构投资者持股比例（Inst_SIO）。

3. 公司治理变量

（1）股东治理。

大股东可以采用多种不公平的手段从中小股东和债权人手中掠夺财富，前人基于大股东利益侵占行为的研究，使用了不同的指标进行表示，如两权分离度（Claesens and Fan，2002；田利辉等，2016）、流动资产侵占（徐光伟、刘星，2012）、关联交易价格（Cheung et al.，2009）等。为了更直接地描述大股东的利益侵占，本书根据Gao和Kling（2008）的研究，采用大股东对总资产的资金占用率描述大股东的侵占行为，资金占用率为（应收款项－预付款项）/年末总资产。

（2）管理层治理。

许多学者采用公司前三名高管薪酬之和（李斌、郭剑桥，2013）作为管理层治理的代理变量，或者采用一阶差分间接检验薪酬对业绩的敏感性（Janakiraman et al.，2010）。为了体现公司业绩增长1%情况下高管薪酬的增长程度，本书根据Kubo（2005）的方法直接计算高管薪酬对业绩的敏感性，即高管薪酬增长率/公司业绩增长率，其中高管薪酬等于公司前三名高管薪酬之和，公司业绩等于总资产收益率（ROA）。

（3）董事会治理。

独立董事作为重要的董事会成员，发挥着重要的监督作用，对公司治理水平具有直接影响。独立董事的作用就是保护中小股东和债权人免受大股东和管理层的利益侵占。本书根据Ajinkya等（2005）的方法，使用独立董事占董事会的比例来描述董事会治理结构。

（4）信息环境治理。

盈余管理是公司会计盈余不透明的关键原因。Bhattacharya等（2003）认为影响信息不对称的主要因素之一就是盈余管理。操纵性应计项目是被广泛运用的公司盈余管理的衡量指标，本书参照Hutton和Marcus（2009）的方法，使用公司过去3年操纵性应计项目绝对值之和（$Opaque$）来衡量信息透明度，$Opaque$越大，公司信息透明度越低。

$$Opaque = \text{AbsV}(DACC_{t-1}) + \text{AbsV}(DACC_{t-2}) + \text{AbsV}(DACC_{t-3}) \quad (5.5)$$

其中，应计盈余管理（DACC）由修正的 Jones 模型（Dechow et al.，1995）估计。我们运用模型（5.6）进行分年度分行业回归分析，然后将估计出来的回归系数带入模型（5.7），估计出操纵性应计项目（DACC）。

$$\frac{TA_{i,t}}{Asset_{i,t-1}} = \alpha_0 \frac{1}{Asset_{i,t-1}} + \beta_1 \frac{\Delta Sales_{i,t}}{Asset_{i,t-1}} + \beta_2 \frac{PPE_{i,t}}{Asset_{i,t-1}} + \varepsilon_{i,t} \quad (5.6)$$

$$DACC_{i,t} = \frac{TA_{i,t}}{Asset_{i,t-1}} - \left(\hat{\alpha}_0 \frac{1}{Asset_{i,t-1}} + \hat{\beta}_1 \frac{\Delta Sales_{i,t} - \Delta Receivable_{i,t}}{Asset_{i,t-1}} + \hat{\beta}_2 \frac{PPE_{i,t}}{Asset_{i,t-1}} \right)$$
$$(5.7)$$

其中 TA 为总应计项目，等于盈利利润减去经营活动产生的现金净流量；Asset 为总资产；ΔSales 为销售收入的增长额；ΔReceivable 为应收账款的增长额；PPE 为固定资产。

4. 控制变量

债券层面：债券发行规模（Issueamount）、债券期限（Term）、债券票面利率（Couponrate）。

公司层面：资产负债率（Lev）、总资产收益率（ROA）、总资产周转率（Turn）。

宏观经济层面：经济增长（GDP）、无风险收益率曲线斜率（SLOP）。

第三节 实证结果及分析

一 描述性统计分析

样本的描述性统计如表 5.2 所示。

表 5.2 样本描述性统计

变量类型	变量名	变量符号	均值	中位数	标准差	最小值	最大值
因变量	债券风险溢价	Spread	2.249	1.848	0.631	0.149	3.946
自变量	机构投资者持股比例	Inst	0.548	0.570	0.228	0.001	0.937
	长期机构投资者持股比例	Inst_long	0.460	0.487	0.260	0.060	0.937
	短期机构投资者持股比例	Inst_short	0.088	0.028	0.140	0.001	0.449
	稳定机构投资者持股比例	Inst_LIO	0.367	0.308	0.267	0.031	0.937
	不稳定机构投资者持股比例	Inst_SIO	0.181	0.043	0.262	0.001	0.621
中介变量	股东治理	Occupy	0.019	0.008	0.028	0.000	0.287
	管理层治理	Salary	0.104	0.067	0.165	−7.35	18.209
	董事会治理	Director	0.356	0.334	0.248	0.667	0.083
	信息环境治理	Opaque	0.512	0.679	0.319	0.001	1.114
控制变量	债券发行规模	Issueamount	11.673	11.695	0.895	9.210	14.286
	债券期限	Term	5.496	5.000	2.351	2.00	10.000
	债券票面利率	Coupon-rate	0.057	0.055	0.012	0.012	0.090
	资产负债率	Lev	0.590	0.611	0.161	0.142	0.931
	总资产收益率	ROA	0.031	0.026	0.044	0.002	0.259
	总资产周转率	Turn	0.572	0.471	0.428	0.59	2.353
	国内生产总值	GDP	13.258	13.297	0.205	12.763	13.443
	无风险收益率曲线斜率	SLOP	0.007	0.005	0.006	0.003	0.021

从表 5.2 的描述性统计，我们可以看出：中国企业债券的到期收益率相比同期的无风险国债收益率要高，平均高 2.249 个百分点，说明中国企业债券存在较高的风险溢价。股东治理方面，大股东资金占用率的均值为 0.019，最大值为 0.287，说明我国大股东资金占用情况较为严重。管理层治理方面，高管薪酬业绩敏感性均值为 0.104，说明平均来讲公司业绩增长 1%，高管薪酬增加 0.104%，我国薪酬激励较强。董事会治理方面，独立董事比例均值为 0.356，超过证监会要求的 1/3，独立董事对于提升公司治理水平可以起到一定的积极作用，标准差为 0.248，说明独立董事比例在不同公司存在较大的差异。信息环境治理方面，信息透明度均值为 0.512，说明我国上市公司高管盈余管理情况较为严重，提高了公司与投资者之间的信息不对称程度，降低了信息透明度。

二　相关性分析

本书使用 Pearson 和 Spearman 方法检验变量之间的相关性，检验结果如表 5.3 所示。

从表 5.3 我们可以看出，各机构投资者持股变量与公司治理变量之间的相关系数绝对值均小于 0.5，未列表中的控制变量与主要变量之间相关系数绝对值小于 0.5，说明回归模型中变量之间不存在严重的多重共线性问题。机构投资者持股变量、公司治理变量、债券风险溢价变量之间的相关性大多显著，在一定程度上说明代理变量合理。

表 5.3 主要变量相关系数

变量	Spread	Inst	Inst_long	Inst_short	Inst_LIO	Inst_SIO	Occupy	Salary	Director	Opaque
Spread	1	−0.260***	−0.246***	0.036***	−0.052**	0.178***	0.118**	−0.440***	0.089*	0.036**
Inst	−0.312***	1	0.784***	0.679**	0.713***	0.633***	−0.206***	0.035	0.189***	−0.282***
Inst_long	−0.284***	0.652**	1	−0.066*	0.598***	−0.032	−0.278***	0.078	0.416***	−0.217***
Inst_short	0.020**	0.741*	−0.093	1	−0.431***	0.798***	0.111**	0.384***	−0.184***	−0.324***
Inst_LIO	−0.134***	0.694***	0.525**	−0.379***	1	−0.531***	−0.059*	0.117***	0.425***	−0.067***
Inst_SIO	0.234**	0.672**	−0.034	0.639*	−0.686***	1	0.097***	0.257***	0.159***	−0.069***
Occupy	0.179***	−0.345***	−0.251***	0.251**	−0.021	0.076*	1	0.231***	0.245	0.295***
Salary	−0.496**	0.082**	0.081**	0.423***	0.160*	0.336*	0.280***	1	0.308***	0.306**
Director	0.074*	0.246*	0.432**	−0.039***	0.496***	0.201***	−0.331	0.285***	1	−0.310***
Opaque	0.045***	−0.301***	−0.354***	−0.246**	−0.144***	−0.101***	−0.248***	0.214***	−0.277***	1

注：*、**、*** 分别表示变量之间在 10%、5%、1% 置信水平上显著。下三角为 Pearson 相关系数，上三角为 Spearman 相关系数。

三　机构投资者持股、股东治理和债券风险溢价

1. 持股比例、股东治理和债券风险溢价回归分析

根据模型（5.1）、模型（5.2）、模型（5.3），我们对机构投资者持股比例是否通过股东治理影响债券风险溢价进行了中介变量回归分析，回归结果见表5.4。

表5.4中，（1）列是以机构投资者持股比例为自变量，以债券风险溢价为因变量，同时将债券特征、公司特征、宏观经济特征作为控制变量的模型（5.1）的回归结果，用以检验机构投资者持股对债券风险溢价的直接影响。（2）列是以机构投资者持股比例为自变量，以股东治理为因变量，同时将公司特征作为控制变量的模型（5.2）的回归结果，用以检验自变量对中介变量的影响。（3）列是以机构投资者持股比例和股东治理为自变量，以债券风险溢价为因变量，同时将债券特征、公司特征、宏观经济特征作为控制变量的模型（5.3）的回归结果，用以检验中介效果是否存在。

（1）列回归结果与前文结果一致。（2）列中，机构投资者持股比例与股东治理呈负相关关系，且在1%水平上显著。该结果与前人的研究一致，机构投资者持股能显著降低大股东的利益侵占行为，作为一种外部治理监督机制，机构投资者随着持股比例的升高能有效保护股东的权利，降低代理成本。（3）列的回归结果中，加入了中介变量股东治理后，股东治理显著提高债券风险溢价（系数0.878，10%显著），机构投资者持股比例回归系数显著性没有变化，该结果说明股东治理没有起到中介作用。

表 5.4　股东治理中介效应检验结果

变量	(1) Spread	(2) Occupy	(3) Spread
Inst	-0.887**	-0.088***	-0.890**
	(-2.150)	(-3.062)	(-2.243)
Occupy			0.878*
			(1.812)
Issueamount	-0.380***		-0.004**
	(-3.403)		(-2.549)
Term	0.094		-0.001
	(0.236)		(-1.600)
Couponrate	0.545***		0.606***
	(7.216)		(7.020)
Lev	0.025**	-0.326***	0.019**
	(2.294)	(-7.747)	(2.476)
ROA	-0.059***	-0.088***	-0.084***
	(-3.858)	(-2.663)	(-4.538)
Turn	-0.004	0.044***	-0.001
	(-0.887)	(2.859)	(-0.665)
SLOP	-0.152***		-0.879***
	(-6.770)		(-2.656)
GDP	-0.256*		-0.017
	(-1.836)		(-1.775)
截距	0.271**	0.158***	0.272**
	(2.078)	(5.693)	(2.085)
Year	控制	控制	控制
Industry	控制	控制	控制
R^2	0.138	0.156	0.182
obs.	502	502	502

注：***、**、*分别表示在1%、5%、10%水平上显著。括号中报告的是T值。

2. 持股期限、股东治理和债券风险溢价回归分析

根据模型（5.1）、模型（5.2）、模型（5.3），我们对机构投资者持股期限是否通过股东治理影响债券风险溢价进行了中介变量回归分析，回归结果见表5.5。

表5.5中，（1）列和（2）列分别以长期机构投资者持股比例和短期机构投资者持股比例为自变量，以债券风险溢价为因变量，同时将债券特征、公司特征、宏观经济特征作为控制变量的模型（5.1）的回归结果，用以检验机构投资者持股期限对债券风险溢价的直接影响。（3）列和（4）列分别以长期机构投资者持股比例和短期机构投资者持股比例为自变量，以股东治理为因变量，同时将公司特征作为控制变量的模型（5.2）的回归结果，用以检验自变量对中介变量的影响。（5）列和（6）列分别以长期机构投资者持股比例及股东治理和短期机构投资者持股比例及股东治理为自变量，以债券风险溢价为因变量，同时将债券特征、公司特征、宏观经济特征作为控制变量的模型（5.3）的回归结果，用以检验中介效果是否存在。

（1）列和（2）列回归结果与前文结果一致，其中机构投资者短期持股只存在于非国有企业样本中，国有企业中由于政府隐性担保作用，机构短期持股不能显著影响债券风险溢价。（3）列中，长期机构投资者持股比例与股东治理呈负相关关系，且在1%水平上显著。该结果与前人的研究一致，机构投资者长期持股能显著减少大股东的利益侵占行为，这是因为长期持股的机构投资者更了解公司的运营状况，看中的是公司未来的长期收益，外部监督激励较强，能更好地抑制大股东的利益侵占行为，提高公司治理水平。（4）列中，短期机构投资者持股比例与股东治理呈正相关关系（系数0.107），但是不显著。（5）列的回归结果

表5.5 股东治理中介效应检验结果

变量	(1) Spread	(2) Spread	(3) Occupy	(4) Occupy	(5) Spread	(6) Spread
Inst_long	-0.685**		-0.097***		-0.384*	
	(-2.345)		(-3.798)		(-1.875)	
Inst_short		0.628**		0.107		0.705**
		(2.564)		(0.946)		(2.479)
Occupy					0.009*	0.010*
					(1.749)	(1.812)
Issueamount	-0.360***	-0.871***			-0.003**	-0.004***
	(-3.063)	(-3.691)			(-2.222)	(-3.057)
Term	-0.105**	0.299			-0.001*	-0.001
	(-2.034)	(1.401)			(-1.867)	(-1.432)
Couponrate	0.567***	0.603***	-0.358	-0.323**	0.597***	0.628***
	(7.191)	(3.798)	(-1.517)	(-2.332)	(6.688)	(7.307)
Lev	0.020**	0.046**			0.017**	0.018
	(2.434)	(2.382)			(2.427)	(1.116)

第五章 公司治理视角下机构持股对债券风险溢价的影响

续表

变量	(1) Spread	(2) Spread	(3) Occupy	(4) Occupy	(5) Spread	(6) Spread
ROA	-0.060***	-0.124***	-0.232**	-0.345***	-0.083***	-0.091***
	(-3.831)	(-3.603)	(-2.061)	(-3.281)	(-4.444)	(-4.810)
Turn	-0.004	-0.010**	0.038**	0.024	-0.001	-0.002
	(-0.701)	(-2.522)	(2.434)	(1.323)	(-0.454)	(-0.814)
SLOP	-0.163***	-0.677***			-0.923***	-0.841**
	(-7.085)	(-3.361)			(-2.844)	(-2.507)
GDP	-0.281**	-0.671			-0.018	-0.017
	(-2.264)	(-1.301)			(-1.569)	(-1.401)
截距	0.395**	0.243**	0.154***	0.130***	0.278**	0.266**
	(2.056)	(2.250)	(4.981)	(4.360)	(2.154)	(2.024)
Year	控制	控制	控制	控制	控制	控制
Industry	控制	控制	控制	控制	控制	控制
R²	0.123	0.161	0.177	0.157	0.168	0.163
obs.	502	151	502	151	502	151

注：***、**、* 分别表示在1%、5%、10%水平上显著。括号中报告的是T值。

中，加入中介变量股东治理后，股东治理显著提高债券风险溢价（系数0.009，10%显著），长期机构投资者持股比例回归系数显著性下降（由5%显著下降到10%显著）并且回归系数绝对值也有所降低（由-0.685变为-0.384），该结果说明股东治理在长期机构投资者持股比例对债券风险溢价的影响中起到部分中介作用。即长期机构投资者持股对债券风险溢价的影响，一部分是直接降低债券风险溢价，一部分是通过抑制大股东利益侵占，改善公司治理，进而间接降低债券风险溢价。假设H1，股东治理是机构投资者持股与债券风险溢价的中介变量，得到验证。(6) 列的回归结果中，加入中介变量股东治理后，股东治理显著提高债券风险溢价（系数0.010，10%显著），但是由于在短期机构投资者持股比例对股东治理的独立检验中两者不存在显著相关性，因此我们进一步进行Sobel检验。Z值为0.838，P值为0.401，结果不显著，说明股东治理在短期机构投资者对债券风险溢价的影响中没有中介作用。

综上所述，股东治理层面，长期机构投资者对债券风险溢价的影响有两条路径，一是直接影响，二是通过抑制大股东利益侵占的公司治理方式，间接降低债券风险溢价；在短期机构投资者对债券风险溢价的影响中，股东治理没有起到中介作用，短期机构投资者持股对债券风险溢价具有直接影响。

3. 持股稳定性、股东治理和债券风险溢价回归分析

根据模型（5.1）、模型（5.2）、模型（5.3），我们对机构投资者持股稳定性是否通过股东治理影响债券风险溢价进行了中介变量回归分析，回归结果见表5.6。

表 5.6　股东治理中介效应检验结果

变量	(1) Spread	(2) Spread	(3) Occupy	(4) Occupy	(5) Spread	(6) Spread
Inst_LIO	-0.536** (-2.038)		-0.086*** (-3.371)		-0.056** (-1.977)	
Inst_SIO		0.018* (1.732)		0.009* (1.660)		0.019* (1.818)
Occupy					0.011* (1.690)	0.013* (1.722)
Issueamcunt	-0.423*** (-3.882)	-0.458** (-2.499)			-0.234*** (-3.529)	-0.106*** (-3.114)
Term	-0.106 (-1.525)	-0.107** (-2.495)			-0.081*** (-3.027)	-0.042*** (-2.797)
Couponrate	0.568** (2.351)	0.568* (1.869)			0.628*** (7.281)	0.631*** (7.283)
Lev	0.021*** (3.785)	0.021** (2.204)	-0.356*** (-7.786)	-0.359*** (-7.839)	0.018 (1.018)	0.019*** (2.751)

续表

变量	(1) Spread	(2) Spread	(3) Occupy	(4) Occupy	(5) Spread	(6) Spread
ROA	-0.059*** (-3.885)	-0.060*** (-3.893)	-0.284*** (-2.631)	-0.287*** (-2.664)	-0.086** (-2.348)	-0.087*** (-4.677)
Turn	-0.004** (-2.055)	-0.004 (-1.285)	0.035* (1.948)	0.034* (1.916)	-0.001 (-0.677)	-0.002 (-0.758)
SLOP	-0.165*** (-7.026)	-0.145*** (-6.881)			-0.913*** (-2.740)	-0.841** (-2.528)
GDP	-0.447* (-1.701)	-0.421** (-2.382)			-0.019** (-2.056)	-0.018* (-1.895)
截距	0.238** (2.350)	0.356** (2.355)	0.146*** (4.906)	0.143*** (4.767)	0.298** (2.275)	0.279** (2.124)
Year	控制	控制	控制	控制	控制	控制
Industry	控制	控制	控制	控制	控制	控制
R^2	0.132	0.122	0.167	0.161	0.171	0.164
obs.	502	502	502	502	502	502

注：***、**、*分别表示在1%、5%、10%水平上显著。括号中报告的是T值。

表 5.6 中，（1）列和（2）列分别以稳定机构投资者持股比例和不稳定机构投资者持股比例为自变量，以债券风险溢价为因变量，同时将债券特征、公司特征、宏观经济特征作为控制变量的模型（5.1）的回归结果，用以检验机构投资者持股稳定性对债券风险溢价的直接影响。（3）列和（4）列分别以稳定机构投资者持股比例和不稳定机构投资者持股比例为自变量，以股东治理为因变量，同时将公司特征作为控制变量的模型（5.2）的回归结果，用以检验自变量对中介变量的影响。（5）列和（6）列分别以稳定机构投资者持股比例及股东治理和不稳定机构投资者持股比例及股东治理为自变量，以债券风险溢价为因变量，同时将债券特征、公司特征、宏观经济特征作为控制变量的模型（5.3）的回归结果，用以检验中介效应是否存在。

（1）列和（2）列回归结果与前文结果一致，其中机构投资者稳定持股能显著降低债券风险溢价，不稳定持股能显著提高债券风险溢价。（3）列中，稳定机构投资者持股比例与股东治理呈负相关关系，且在1%水平上显著。该结果与前人的研究一致，机构投资者稳定持股能显著减少大股东的利益侵占行为。稳定持股的机构投资者更倾向于提升企业长期价值，外部监督激励较强，能更好地抑制大股东的利益侵占行为，提高公司治理水平。（4）列中，不稳定机构投资者持股比例与股东治理呈正相关关系（系数0.009），且在10%水平上显著。该结果说明机构投资者不稳定持股不仅不能提高公司治理水平反而增加了股东的利益侵占行为。（5）列的回归结果中，加入了中介变量股东治理后，股东治理显著提高债券风险溢价（系数0.011，10%显著），虽然长期机构投资者持股比例回归系数显著性没变但是回归系数绝对值有所降低（由-0.536变为-0.056），该结果说明股东治理在稳定机构投资者对债券风险溢价的影响中起到部分中介作用。假设H1，股东治理是机构投资者持股与债券风险溢价的中介变量，得到验证。(6)列的回归结果中，加入了中介变量股东治理后，股东治理显著提高债券风险溢价（系数0.013，10%显著），不稳定机构投资者持股比例回归系数显著性没有改变，该结果说明股东治理在机构投资者不稳定持股对债券风险溢价的影响中没有起到中介作用。

综上所述，股东治理层面，稳定机构投资者对债券风险溢价的影响有两条路径，一是直接影响，二是通过抑制大股东利益侵占的公司治理方式，间接降低债券风险溢价；在不稳定机构投资者对债券风险溢价的影响中，股东治理没有起到中介作用。

四　机构投资者持股、董事会治理和债券风险溢价

1. 持股比例、董事会治理和债券风险溢价实证分析

根据模型（5.1）、模型（5.2）、模型（5.3），我们对机构投资者持股比例是否通过董事会治理影响债券风险溢价进行了中介变量回归分析，回归结果见表5.7。

表5.7　董事会治理中介效应检验结果

变量	(1) $Spread$	(2) $Director$	(3) $Spread$
$Inst$	−0.887** (−2.150)	0.009 (0.550)	−0.512** (−2.370)
$Director$			−0.008 (−0.499)

续表

变量	(1) Spread	(2) Director	(3) Spread
Issueamount	-0.380*** (-3.403)		-0.005*** (-2.905)
Term	0.094 (0.236)		-0.001* (-1.685)
Couponrate	0.545*** (7.216)		0.415*** (3.547)
Lev	0.025** (2.294)	-0.044* (-1.735)	0.016** (2.152)
ROA	-0.059*** (-3.858)	0.044 (0.525)	-0.076*** (-3.219)
Turn	-0.004 (-0.887)	0.001* (1.781)	-0.001 (-0.352)
SLOP	-0.152*** (-6.770)		-1.005*** (-2.726)
GDP	-0.256* (-1.836)		-0.053** (-2.339)
截距	0.271** (2.078)		0.780** (2.521)
Year	控制	控制	控制
Industry	控制	控制	控制
R^2	0.138	0.115	0.224
obs.	502	502	502

注：***、**、*分别表示在1%、5%、10%水平上显著。括号中报告的是T值。

表5.7中，(1)列是以机构投资者持股比例为自变量，以债券风险溢价为因变量，同时将债券特征、公司特征、宏观经济特

征作为控制变量的模型（5.1）的回归结果，用以检验机构投资者持股对债券风险溢价的直接影响。（2）列是以机构投资者持股比例为自变量，以董事会治理为因变量，同时将公司特征作为控制变量的模型（5.2）的回归结果，用以检验自变量对中介变量的影响。（3）列是以机构投资者持股比例和董事会治理为自变量，以债券风险溢价为因变量，同时将债券特征、公司特征、宏观经济特征作为控制变量的模型（5.3）的回归结果，用以检验中介效果是否存在。

（1）列回归结果与前文结果一致。（2）列中，机构投资者持股比例与董事会治理呈正相关关系但不显著，说明机构投资者持股不倾向于提高独立董事比例。（3）列中，加入了中介变量董事会治理后，独董比例的提高不能显著降低债券风险溢价，机构投资者持股比例依然能够显著降低债券风险溢价。对此，进一步进行 Sobel 检验，Z 值为 0.369，P 值为 0.712，不显著，说明董事会治理不是机构投资者持股比例对债券风险溢价影响的中介变量。

2. 持股期限、董事会治理和债券风险溢价实证分析

根据模型（5.1）、模型（5.2）、模型（5.3），我们对机构投资者持股期限是否通过董事会治理影响债券风险溢价进行了中介变量回归分析，回归结果见表5.8。

表5.8中，（1）列和（2）列分别以长期机构投资者持股比例和短期机构投资者持股比例为自变量，以债券风险溢价为因变量，同时将债券特征、公司特征、宏观经济特征作为控制变量的模型（5.1）的回归结果，用以检验机构投资者持股期限对债券风险溢价的直接影响。（3）列和（4）列分别以长期机构投资者持股比例和短期机构投资者持股比例为自变量，以董

第五章 公司治理视角下机构持股对债券风险溢价的影响

事会治理为因变量，同时将公司特征作为控制变量的模型（5.2）的回归结果，用以检验自变量对中介变量的影响。（5）列和（6）列分别以长期机构投资者持股比例及董事会治理和短期机构投资者持股比例及董事会治理为自变量，以债券风险溢价为因变量，同时将债券特征、公司特征、宏观经济特征作为控制变量的模型（5.3）的回归结果，用以检验中介效果是否存在。

（1）列和（2）列回归结果与前文结果一致，其中机构投资者短期持股只存在于非国有企业样本中，国有企业中由于政府隐性担保作用，机构短期持股不能显著影响债券风险溢价。（3）列中，长期机构投资者持股比例与董事会治理呈正相关关系，且在10%水平上显著。该结果说明，机构投资者长期持股能显著提高独立董事比例，长期持股的机构投资者和独立董事作为重要的外部监督者，更看中提升未来的企业价值，提高公司治理水平。（4）列中，短期机构投资者持股比例与董事会治理呈正相关关系，但是并不显著。（5）列的回归结果中，加入了中介变量董事会治理后，董事会治理降低债券风险溢价，并且在10%水平上显著，长期机构投资者持股比例回归系数显著性水平没有变化，但是系数绝对值有所降低，说明董事会治理在长期机构投资者对债券风险溢价的影响中起到部分中介作用。假设H2，董事会治理是机构投资者持股与债券风险溢价的中介变量，得到验证。（6）列的回归结果中，加入了中介变量董事会治理后，董事会治理降低债券风险溢价，但是不显著，短期机构投资者持股比例回归系数显著提高了债券风险溢价。进一步进行Sobel检验，Z值等于0.184，P值等于0.853，中介效应不显著，说明短期机构投资者对债券风险溢价的影响中董事会治理没有起到中介作用。

表5.8 董事会治理中介效应检验结果

变量	(1) Spread	(2) Spread	(3) Director	(4) Director	(5) Spread	(6) Spread
Inst_long	-0.685** (-2.345)		0.061* (1.796)		-0.309** (-1.967)	
Inst_short		0.628** (2.564)		0.007 (0.275)		0.535* (1.853)
Director					-0.016* (1.834)	-0.004 (-0.248)
Issueamount	-0.360*** (-3.063)	-0.871*** (-3.691)			-0.005*** (-2.924)	-0.006*** (-3.696)
Term	-0.105** (-2.034)	0.299 (1.401)			-0.001* (-1.941)	-0.001** (-2.010)
Couponrate	0.567*** (7.191)	0.603*** (3.798)	-0.047* (-1.848)	0.043* (1.713)	0.413*** (3.368)	0.416*** (3.459)
Lev	0.020** (2.434)	0.046** (2.382)			0.015* (1.850)	0.017** (2.123)

第五章 公司治理视角下机构持股对债券风险溢价的影响

续表

变量	(1) Spread	(2) Spread	(3) Director	(4) Director	(5) Spread	(6) Spread
ROA	-0.060***	-0.124***	0.045**	0.031	-0.078***	-0.087***
	(-3.831)	(-3.603)	(2.336)	(0.361)	(-3.239)	(-3.559)
Turn	-0.004	-0.010**	0.002*	0.001*	-0.001	-0.001
	(-0.701)	(-2.522)	(1.947)	(1.874)	(-0.229)	(-0.455)
SLOP	-0.163***	-0.677***			-1.680**	-1.939***
	(-7.085)	(-3.361)			(-2.353)	(-2.598)
GDP	-0.281**	-0.671			-0.043	-0.054
	(-2.264)	(-1.301)			(-1.532)	(-1.305)
截距	0.395**	0.243**	0.344***	0.299***	0.646**	0.792**
	(2.056)	(2.250)	(19.229)	(14.31)	(2.129)	(2.507)
Year	控制	控制	控制	控制	控制	控制
Industry	控制	控制	控制	控制	控制	控制
R^2	0.123	0.161	0.164	0.156	0.209	0.214
obs.	502	151	502	151	502	151

注：***、**、*分别表示在1%、5%、10%水平上显著。括号中报告的是T值。

综上所述，董事会治理层面，长期机构投资者对债券风险溢价的影响有两条路径，一是直接影响，二是通过提高独立董事在董事会中的比例，加强董事会的外部监督，间接降低债券风险溢价；在短期机构投资者对债券风险溢价的影响中董事会治理没有起到中介作用。

3. 持股稳定性、董事会治理和债券风险溢价实证分析

根据模型（5.1）、模型（5.2）、模型（5.3），我们对机构投资者持股稳定性是否通过董事会治理影响债券风险溢价进行了中介变量回归分析，回归结果见表5.9。

表5.9中，（1）列和（2）列分别以稳定机构投资者持股比例和不稳定机构投资者持股比例为自变量，以债券风险溢价为因变量，同时将债券特征、公司特征、宏观经济特征作为控制变量的模型（5.1）的回归结果，用以检验机构投资者持股稳定性对债券风险溢价的直接影响。（3）列和（4）列分别以稳定机构投资者持股比例和不稳定机构投资者持股比例为自变量，以董事会治理为因变量，同时将公司特征作为控制变量的模型（5.2）的回归结果，用以检验自变量对中介变量的影响。（5）列和（6）列分别以稳定机构投资者持股比例及董事会治理和不稳定机构投资者持股比例及董事会治理为自变量，以债券风险溢价为因变量，同时将债券特征、公司特征、宏观经济特征作为控制变量的模型（5.3）的回归结果，用以检验中介效果是否存在。

（1）列和（2）列回归结果与前文结果一致。（3）列中，稳定机构投资者持股比例与董事会治理呈正相关关系，且在5%水平上显著。该结果说明，机构投资者稳定持股能显著提高独立董事比例，稳定持股的机构投资者和独立董事作为重要的外部监督者，更看中提升企业长期价值，提高公司治理水平。（4）列中，

第五章 公司治理视角下机构持股对债券风险溢价的影响

表 5.9 董事会治理中介效应检验结果

变量	(1) Spread	(2) Spread	(3) Director	(4) Director	(5) Spread	(6) Spread
Inst_LIO	-0.536** (-2.038)		0.043** (2.367)		-0.027* (-1.871)	
Inst_SIO		0.018* (1.732)		0.005 (0.305)		0.031* (1.817)
Director					-0.080* (-1.877)	-0.001 (-0.082)
Issueamount	-0.423*** (-3.882)	-0.458** (-2.499)			-0.006*** (-3.454)	-0.006*** (-3.756)
Term	-0.106 (-1.525)	-0.107** (-2.495)			-0.001* (-1.874)	-0.001* (-1.968)
Couponrate	0.568** (2.351)	0.568* (1.869)	-0.045* (-1.809)	-0.044* (-1.763)	0.437*** (3.676)	0.426*** (3.572)
Lev	0.021*** (3.785)	0.021** (2.204)			0.016** (2.041)	0.016** (2.071)

— 129 —

续表

变量	(1) Spread	(2) Spread	(3) Director	(4) Director	(5) Spread	(6) Spread
ROA	-0.059***	-0.060***	0.043**	0.043**	-0.079***	-0.081***
	(-3.885)	(-3.893)	(2.411)	(2.216)	(-3.309)	(-3.391)
Turn	-0.004**	-0.004	0.001*	0.006*	-0.001	-0.001
	(-2.055)	(-1.285)	(1.797)	(1.738)	(-0.299)	(-0.328)
SLOP	-0.165***	-0.145***			-1.972***	-1.854**
	(-7.026)	(-6.881)			(-2.679)	(-2.515)
GDP	-0.447*	-0.421**			-0.054**	-0.051**
	(-1.701)	(-2.382)			(-2.358)	(-2.238)
截距	0.238**	0.356**	0.361***	0.352***	0.790**	0.759**
	(2.350)	(2.355)	(16.963)	(20.790)	(2.554)	(2.441)
Year	控制	控制	控制	控制	控制	控制
Industry	控制	控制	控制	控制	控制	控制
R^2	0.132	0.122	0.113	0.184	0.204	0.196
obs.	502	502	502	502	502	502

注：***、**、*分别表示在1%、5%、10%水平上显著。括号中报告的是T值。

不稳定机构投资者持股比例与董事会治理呈正相关关系,但是并不显著。(5)列的回归结果中,加入了中介变量董事会治理后,董事会治理降低债券风险溢价,并且在10%水平上显著,稳定机构投资者持股比例回归系数显著性水平和系数绝对值有所降低,说明董事会治理在稳定机构投资者对债券风险溢价的影响中起到部分中介作用。假设H2,董事会治理是机构投资者持股与债券风险溢价的中介变量,得到验证。(6)列的回归结果中,加入了中介变量董事会治理后,董事会治理降低债券风险溢价,但是不显著,进一步进行Sobel检验后得到,Z值为0.079,P值为0.936,中介效应不显著,说明不稳定机构投资者对债券风险溢价的影响中董事会治理没有起到中介作用。

综上所述,董事会治理层面,稳定机构投资者对债券风险溢价的影响有两条路径,一是直接影响,二是通过提高独立董事在董事会中的比例,加强董事会的外部监督,间接降低债券风险溢价;在不稳定机构投资者对债券风险溢价的影响中董事会治理没有起到中介作用。

五 机构投资者持股、管理层治理和债券风险溢价

1. 持股比例、管理层治理和债券风险溢价实证分析

根据模型(5.1)、模型(5.2)、模型(5.3),我们对机构投资者持股比例是否通过管理层治理影响债券风险溢价进行了中介变量回归分析,回归结果见表5.10。

表5.10 管理层治理中介效应检验结果

变量	(1) Spread	(2) Salary	(3) Spread
Inst	−0.887** (−2.150)	0.385** (2.282)	−0.282* (−1.959)

续表

变量	(1) Spread	(2) Salary	(3) Spread
Salary			-0.105*
			(-1.809)
Issueamount	-0.380***		-0.005***
	(-3.403)		(-3.075)
Term	0.094		-0.001
	(0.236)		(-1.344)
Couponrate	0.545***		0.418***
	(7.216)		(3.623)
Lev	0.025**	-0.590**	0.016**
	(2.294)	(-2.364)	(2.169)
ROA	-0.059***	1.004*	-0.074***
	(-3.858)	(1.658)	(-3.174)
Turn	-0.004	0.004*	-0.005
	(-0.887)	(1.743)	(-0.053)
SLOP	-0.152***		-0.193***
	(-6.770)		(-3.017)
GDP	-0.256*		-0.060
	(-1.836)		(-1.635)
截距	0.271**	4.943***	0.864***
	(2.078)	(28.328)	(2.813)
Year	控制	控制	控制
Industry	控制	控制	控制
R^2	0.138	0.256	0.230
obs.	502	502	502

注：***、**、*分别表示在1%、5%、10%水平上显著。括号中报告的是T值。

表 5.10 中，(1) 列是以机构投资者持股比例为自变量，以债券风险溢价为因变量，同时将债券特征、公司特征、宏观经济特征作为控制变量的模型 (5.1) 的回归结果，用以检验机构投资者持股对债券风险溢价的直接影响。(2) 列是以机构投资者持股比例为自变量，以管理层治理为因变量，同时将公司特征作为控制变量的模型 (5.2) 的回归结果，用以检验自变量对中介变量的影响。(3) 列是以机构投资者持股比例和管理层治理为自变量，以债券风险溢价为因变量，同时将债券特征、公司特征、宏观经济特征作为控制变量的模型 (5.3) 的回归结果，用以检验中介效果是否存在。

(1) 列回归结果与前文结果一致。(2) 列中，机构投资者持股比例与管理层治理呈正相关关系，且在 5% 水平上显著。该结果说明，机构投资者出于激励目的，能有效增加高管对业绩的敏感性，使公司业绩获得较大提高，同时高管获得较强的薪酬激励，这有利于实现股东利益最大化，能降低公司违约风险，使债权人获益并降低债券风险溢价，机构投资者持股有利于实现相关利益者多赢。(3) 列的回归结果中，加入了中介变量管理层治理后，管理层治理显著降低债券风险溢价（系数 -0.105，10% 显著），同时机构投资者持股比例回归系数显著性下降（由 5% 显著下降到 10% 显著）且回归系数绝对值有所降低（由 -0.887 下降到 -0.282），该结果说明管理层治理起到部分中介作用，即机构投资者持股对债券风险溢价的影响，一部分是直接作用，一部分通过抑制大股东利益侵占，改善公司治理，进而间接影响债券风险溢价。假设 H3，管理层治理是机构投资者持股与债券风险溢价的中介变量，得到验证。

2. 持股期限、管理层治理和债券风险溢价实证分析

根据模型（5.1）、模型（5.2）、模型（5.3），我们对机构投资者持股期限是否通过管理层治理影响债券风险溢价进行了中介变量回归分析，回归结果见表5.11。

表5.11中，（1）列和（2）列分别以长期机构投资者持股比例和短期机构投资者持股比例为自变量，以债券风险溢价为因变量，同时将债券特征、公司特征、宏观经济特征作为控制变量的模型（5.1）的回归结果，用以检验机构投资者持股期限对债券风险溢价的直接影响。（3）列和（4）列分别以长期机构投资者持股比例和短期机构投资者持股比例为自变量，以管理层治理为因变量，同时将公司特征作为控制变量的模型（5.2）的回归结果，用以检验自变量对中介变量的影响。（5）列和（6）列分别以长期机构投资者持股比例及管理层治理和短期机构投资者持股比例及管理层治理为自变量，以债券风险溢价为因变量，同时将债券特征、公司特征、宏观经济特征作为控制变量的模型（5.3）的回归结果，用以检验中介效果是否存在。

（1）列和（2）列回归结果与前文结果一致，其中机构投资者短期持股只存在于非国有企业样本中，国有企业中由于政府隐性担保作用，机构短期持股不能显著影响债券风险溢价。（3）列中，长期机构投资者持股比例与管理层治理呈正相关关系，但不显著。（4）列中，短期机构投资者持股比例与管理层治理呈正相关关系（系数0.521），且在10%水平上显著。该结果说明机构投资者短期持股为了获取短期收益，更有可能加大高管薪酬激励使其在短期内获得较高的业绩水平，在这种情况下机构投资者与高管发生串谋的风险较高，短期机构投资者不再作为重要的外部监督者，而是作为对中小股东和债权人的利益侵害者。（5）列的

第五章 公司治理视角下机构持股对债券风险溢价的影响

表 5.11 管理层治理中介效应检验结果

变量	(1) Spread	(2) Spread	(3) Salary	(4) Salary	(5) Spread	(6) Spread
Inst_long	−0.685** (−2.345)		1.916 (0.914)		−0.010** (−2.231)	
Inst_short		0.628** (2.564)		0.521* (1.894)		0.371* (1.718)
Salary					−0.341 (−0.402)	−0.008* (−1.914)
Issueamount	−0.360*** (−3.063)	−0.871*** (−3.691)			−0.005*** (−3.001)	−0.006*** (−3.832)
Term	−0.105** (−2.034)	0.299 (1.401)			−0.001 (−1.330)	−0.001 (−1.522)
Couponrate	0.567*** (7.191)	0.603*** (3.798)			0.414*** (3.397)	0.419*** (3.529)
Lev	0.020** (2.434)	0.046** (2.382)	−0.631** (−2.539)	0.629** (2.454)	0.014* (1.826)	0.016** (2.120)

续表

变量	(1) Spread	(2) Spread	(3) Salary	(4) Salary	(5) Spread	(6) Spread
ROA	-0.060*** (-3.831)	-0.124*** (-3.603)	1.608** (2.305)	-1.090* (-1.776)	-0.076*** (-3.182)	-0.086*** (-3.522)
Turn	-0.004 (-0.701)	-0.010** (-2.522)	0.315* (1.701)	0.003 (0.031)	0.018 (1.615)	-0.001 (-0.370)
SLOP	-0.163*** (-7.085)	-0.677*** (-3.361)			-1.846*** (-2.638)	-0.107*** (-2.858)
GDP	-0.281** (-2.264)	-0.671 (-1.301)			-0.049** (-2.211)	-0.059** (-2.560)
截距	0.395** (2.056)	0.243** (2.250)	4.979*** (28.404)	4.996*** (29.098)	0.718** (2.407)	0.867*** (2.767)
Year	控制	控制	控制	控制	控制	控制
Industry	控制	控制	控制	控制	控制	控制
R^2	0.123	0.161	0.113	0.117	0.205	0.219
obs.	502	151	502	151	502	151

注：***、**、*分别表示在1%、5%、10%水平上显著。括号中报告的是T值。

第五章 公司治理视角下机构持股对债券风险溢价的影响

回归结果中,加入了中介变量管理层治理后,管理层治理降低债券风险溢价,但是不显著,为此我们进一步使用 Sobel 检验,Z 值等于 0.367,P 值等于 0.713,结果依然不显著,说明管理层治理在长期机构投资者对债券风险溢价的影响中没有起到中介作用。(6) 列的回归结果中,加入了中介变量管理层治理后,管理层治理显著降低债券风险溢价(系数 -0.008,10% 显著),短期机构投资者持股比例回归系数虽然依然显著,但是显著水平和回归系数均有所降低,说明管理层治理在短期机构投资者对债券风险溢价的影响中起到部分中介作用。

综上所述,管理层治理层面,长期机构投资者对债券风险溢价的影响具有直接作用,管理层治理没有起到中介作用;短期机构投资者对债券风险溢价的影响有两条路径,一是直接影响,二是通过提高高管薪酬业绩敏感性,增加串谋风险,间接提高债券风险溢价。

3. 持股稳定性、管理层治理和债券风险溢价实证分析

表 5.12 中,(1) 列和 (2) 列分别以稳定机构投资者持股比例和不稳定机构投资者持股比例为自变量,以债券风险溢价为因变量,同时将债券特征、公司特征、宏观经济特征作为控制变量的模型 (5.1) 的回归结果,用以检验机构投资者持股稳定性对债券风险溢价的直接影响。(3) 列和 (4) 列分别以稳定机构投资者持股比例和不稳定机构投资者持股比例为自变量,以管理层治理为因变量,同时将公司特征作为控制变量的模型 (5.2) 的回归结果,用以检验自变量对中介变量的影响。(5) 列和 (6) 列分别以稳定机构投资者持股比例及管理层治理和不稳定机构投资者持股比例及管理层治理为自变量,以债券风险溢价为因变量,同时将债券特征、公司特征、宏观经济特征作为控制变量的模型 (5.3) 的回归结果,用以检验中介效果是否存在。

表 5.12 管理层治理中介效应检验结果

变量	(1) Spread	(2) Spread	(3) Salary	(4) Salary	(5) Spread	(6) Spread
Inst_LIO	-0.536** (-2.038)	0.018* (1.732)	0.277* (1.894)		-0.368* (-1.962)	
Inst_SIO				0.136 (0.399)		0.025* (1.853)
Salary		-0.458** (-2.499)			-0.021** (-2.314)	-0.001* (-1.727)
Issueamount	-0.423*** (-3.882)	-0.107** (-2.495)			-0.006*** (-3.616)	-0.007*** (-3.896)
Term	-0.106 (-1.525)	0.568* (1.869)			-0.001 (-1.460)	-0.001 (-1.589)
Couponrate	0.568** (2.351)	0.021** (2.204)	-0.605** (-2.434)	-0.631** (-2.548)	0.440*** (3.754)	0.430*** (3.650)
Lev	0.021*** (3.785)				0.016** (2.047)	0.016** (2.075)

续表

变量	(1) Spread	(2) Spread	(3) Salary	(4) Salary	(5) Spread	(6) Spread
ROA	-0.059*** (-3.885)	-0.060*** (-3.893)	1.047* (1.730)	1.049* (1.733)	-0.077*** (-3.262)	-0.079*** (-3.340)
Turn	-0.004** (-2.055)	-0.004 (-1.285)	0.007** (2.474)	0.009* (1.890)	-0.000 (-0.201)	-0.001 (-0.244)
SLOP	-0.165*** (-7.026)	-0.145*** (-6.881)			-0.167*** (-2.980)	-0.048*** (-2.805)
GDP	-0.447* (-1.701)	-0.421** (-2.382)			-0.060* (-1.860)	-0.058** (-2.524)
截距	0.238** (2.350)	0.356** (2.355)	4.994*** (29.565)	3.716*** (16.374)	0.877*** (2.856)	0.845*** (2.732)
Year	控制	控制	控制	控制	控制	控制
Industry	控制	控制	控制	控制	控制	控制
R^2	0.132	0.122	0.217	0.164	0.210	0.241
obs.	502	502	502	502	502	502

注：***、**、*分别表示在1％、5％、10％水平上显著。括号中报告的是T值。

（1）列和（2）列回归结果与前文结果一致，其中机构投资者稳定持股能显著降低债券风险溢价，不稳定持股能显著提高债券风险溢价。（3）列中，稳定机构投资者持股比例与管理层治理呈正相关关系，且在10%水平上显著。该结果与前人的研究一致，机构投资者稳定持股能显著提高高管薪酬业绩敏感性。（4）列中，不稳定机构投资者持股比例与管理层治理呈正相关关系（系数0.136），但不显著。该结果说明机构投资者频繁交易不能起到用高薪酬激励高管关注企业业绩的作用，机构投资者的频繁交易更多地表现为一种投机行为，并不关注管理层治理，起不到监督作用，同时也不能用薪酬激励机制同管理层串谋达到既定目标。（5）列的回归结果中，加入了中介变量管理层治理后，管理层治理显著降低债券风险溢价（系数 -0.021，5%显著），稳定机构投资者持股比例回归系数虽然显著，但是显著性水平和系数绝对值都有所下降，该结果说明管理层治理在稳定机构投资者对债券风险溢价的影响中起到部分中介作用。假设H3，管理层治理是机构投资者持股与债券风险溢价的中介变量，得到验证。（6）列的回归结果中，加入了中介变量管理层治理后，管理层治理显著降低债券风险溢价（系数 -0.001，10%显著），由于在不稳定机构投资者持股比例与管理层治理的独立检验中两者不存在显著相关性，所以进一步进行Sobel检验。Z值等于0.388，P值等于0.697，不显著，说明在不稳定机构投资者对债券风险溢价的影响中，管理层治理没有起到中介作用。

综上所述，管理层治理层面，稳定机构投资者对债券风险溢价的影响有两条路径，一是直接影响，二是通过提高高管薪酬业绩敏感性，间接降低债券风险溢价；在不稳定机构投资者对债券风险溢价的影响中，管理层治理没有起到中介作用。

六 机构投资者持股、信息环境治理和债券风险溢价

1. 持股比例、信息环境治理和债券风险溢价实证分析

根据模型（5.1）、模型（5.2）、模型（5.3），我们对机构投资者持股比例是否通过信息环境治理影响债券风险溢价进行了中介变量回归分析，回归结果见表5.13。

表5.13中，（1）列是以机构投资者持股比例为自变量，以债券风险溢价为因变量，同时将债券特征、公司特征、宏观经济特征作为控制变量的模型（5.1）的回归结果，用以检验机构投资者持股对债券风险溢价的直接影响。（2）列是以机构投资者持股比例为自变量，以信息环境治理为因变量，同时将公司特征作为控制变量的模型（5.2）的回归结果，用以检验自变量对中介变量的影响。（3）列是以机构投资者持股比例和信息环境治理为自变量，以债券风险溢价为因变量，同时将债券特征、公司特征、宏观经济特征作为控制变量的模型（5.3）的回归结果，用以检验中介效果是否存在。

表5.13 信息环境治理中介效应检验结果

变量	(1) *Spread*	(2) *Opaque*	(3) *Spread*
Inst	-0.887**	-0.184**	-0.216**
	(-2.150)	(-2.329)	(-2.018)
Opaque			0.006**
			(2.043)
Issueamount	-0.380***		-0.006*
	(-3.403)		(-1.885)

续表

变量	(1) Spread	(2) Opaque	(3) Spread
Term	0.094 (0.236)		-0.003* (-1.716)
Couponrate	0.545*** (7.216)		0.201 (1.067)
Lev	0.025** (2.294)	-0.472** (-2.021)	0.023* (1.954)
ROA	-0.059*** (-3.858)	-2.404* (-1.886)	-0.079** (-2.158)
Turn	-0.004 (-0.887)	-0.041** (-2.269)	0.029* (1.916)
SLOP	-0.152*** (-6.770)		-1.067 (-1.115)
GDP	-0.256* (-1.836)		-0.036* (-1.735)
截距	0.271** (2.078)	2.112*** (6.789)	0.572** (2.323)
Year	控制	控制	控制
Industry	控制	控制	控制
R^2	0.138	0.128	0.273
obs.	502	502	502

注：***、**、*分别表示在1%、5%、10%水平上显著。括号中报告的是T值。

(1)列回归结果与前文结果一致。(2)列中，机构投资者持股比例与信息环境治理呈负相关关系，且在5%水平上显著，说明机构投资者持股比例越高，企业信息披露环境越好，机构投资

第五章　公司治理视角下机构持股对债券风险溢价的影响

者由于其专业的背景和私有化信息更能降低企业内部与外部投资者之间的信息不对称程度，使一些中小投资者和债权人准确评估企业价值，降低债券风险溢价。（3）列中，信息环境治理能显著影响债券风险溢价，信息透明度越高债券风险溢价高。机构投资者持股比例与债券风险溢价呈负相关关系，与（1）列相比，显著性没有变化但是系数绝对值有所降低。该结果说明，信息环境治理是机构投资者持股影响债券风险溢价的中介变量，假设 H4 得到验证。

2. 持股期限、信息环境治理和债券风险溢价实证分析

根据模型（5.1）、模型（5.2）、模型（5.3），我们对机构投资者持股期限是否通过信息环境治理影响债券风险溢价进行了中介变量回归分析，回归结果见表 5.14。

表 5.14 中，（1）列和（2）列分别以长期机构投资者持股比例和短期机构投资者持股比例为自变量，以债券风险溢价为因变量，同时将债券特征、公司特征、宏观经济特征作为控制变量的模型（5.1）的回归结果，用以检验机构投资者持股期限对债券风险溢价的直接影响。（3）列和（4）列分别以长期机构投资者持股比例和短期机构投资者持股比例为自变量，以信息环境治理为因变量，同时将公司特征作为控制变量的模型（5.2）的回归结果，用以检验自变量对中介变量的影响。（5）列和（6）列分别以长期机构投资者持股比例及信息环境治理和短期机构投资者持股比例及信息环境治理为自变量，以债券风险溢价为因变量，同时将债券特征、公司特征、宏观经济特征作为控制变量的模型（5.3）的回归结果，用以检验中介效果是否存在。

（1）列和（2）列回归结果与前文结果一致，其中机构投资者短期持股只存在于非国有企业样本中，国有企业中由于政府隐

表 5.14 信息环境治理中介效应检验结果

变量	(1) Spread	(2) Spread	(3) Opaque	(4) Opaque	(5) Spread	(6) Spread
Inst_long	-0.685**		-0.219**		-0.316**	
	(-2.345)		(-2.438)		(-2.259)	
Inst_short		0.628**		0.347*		0.527*
		(2.564)		(1.718)		(1.913)
Opaque					0.006**	0.573**
					(2.116)	(2.022)
Issueamount	-0.360***	-0.871***			-0.005*	-0.007**
	(-3.063)	(-3.691)			(-1.649)	(-2.335)
Term	-0.105**	0.299			-0.003*	-0.003*
	(-2.034)	(1.401)			(-1.749)	(-1.931)
Couponrate	0.567***	0.603***			0.253	0.217
	(7.191)	(3.798)			(1.342)	(1.823)
Lev	0.020**	0.046**	-0.606*	-2.086**	0.022*	0.022*
	(2.434)	(2.382)	(-1.896)	(-2.418)	(1.935)	(1.891)

— 144 —

第五章 公司治理视角下机构持股对债券风险溢价的影响

续表

变量	(1) Spread	(2) Spread	(3) Opaque	(4) Opaque	(5) Spread	(6) Spread
ROA	-0.060***	-0.124***	-2.494*	-2.783**	-0.090**	-0.102**
	(-3.831)	(-3.603)	(-1.921)	(-2.079)	(-2.446)	(-2.570)
Turn	-0.004	-0.010**	-0.023*	-1.020*	-0.001	-0.002
	(-0.701)	(-2.522)	(-1.747)	(-1.849)	(-0.185)	(-0.659)
SLOP	-0.163***	-0.677***			-0.982*	-0.920*
	(-7.085)	(-3.361)			(-1.803)	(-1.911)
GDP	-0.281**	-0.671			-0.030	-0.032
	(-2.264)	(-1.301)			(-1.005)	(-1.033)
截距	0.395**	0.243**	2.214***	2.065***	0.482**	0.526**
	(2.056)	(2.250)	(7.022)	(6.899)	(2.167)	(2.232)
Year	控制	控制	控制	控制	控制	控制
Industry	控制	控制	控制	控制	控制	控制
R^2	0.123	0.161	0.130	0.109	0.274	0.251
obs.	502	151	502	151	502	151

注：***、**、*分别表示在1%、5%、10%水平上显著。括号中报告的是T值。

性担保作用，机构短期持股不能显著影响债券风险溢价。（3）列中，长期机构投资者持股比例与信息环境治理呈负相关关系，且在5%水平上显著。该结果说明，机构投资者长期持股作为一种有效的外部监督机制，可以有效降低信息不对称程度。（4）列中，短期机构投资者持股比例与信息环境治理呈正相关关系，且在10%水平上显著，短期持股比长期持股显著性水平高。该结果说明短期机构投资者利用私有化信息来追求短期目标，与管理层发生串谋行为，提高了公司和投资者之间的信息不对称性。（5）列的回归结果中，加入了中介变量信息环境治理后，信息透明度低的公司其债券风险溢价高，说明信息环境治理能影响债券投资者对企业价值的估计。长期机构投资者持股比例回归系数显著性水平没有变化，但是系数绝对值有所降低，说明信息环境治理在长期机构投资者对债券风险溢价的影响中起到部分中介作用。假设H4，信息环境治理是机构投资者持股与债券风险溢价的中介变量，得到验证。（6）列的回归结果中，加入了中介变量信息环境治理后，信息透明度越差的公司其债券风险溢价越高。短期机构投资者持股比例回归系数和显著性水平均有所下降，但依然显著正向影响债券风险溢价，说明信息环境治理在短期机构投资者对债券风险溢价的影响中起到部分中介作用。假设H4，信息环境治理是机构投资者持股与债券风险溢价的中介变量，得到验证。

综上所述，信息环境治理层面，长期和短期机构投资者对债券风险溢价的影响有两条路径，一是直接影响，二是通过信息环境治理来间接影响债券风险溢价。

3. 持股稳定性、信息环境治理和债券风险溢价实证分析

根据模型（5.1）、模型（5.2）、模型（5.3），我们对机构投资者持股稳定性是否通过信息环境治理影响债券风险溢价进行了中介变量回归分析，回归结果见表5.15。

表 5.15 信息环境治理中介效应检验结果

变量	(1) Spread	(2) Spread	(3) Opaque	(4) Opaque	(5) Spread	(6) Spread
Inst_LIO	-0.536** (-2.038)		-0.889* (-1.858)		-0.189** (-2.310)	
Inst_SIO		0.018* (1.732)		-0.842* (-1.739)		0.009* (1.734)
Opaque					0.532* (1.905)	0.570** (2.036)
Issueamount	-0.423*** (-3.882)	-0.458** (-2.499)			-0.007** (-2.339)	-0.007** (-2.292)
Term	-0.106 (-1.525)	-0.107** (-2.495)			-0.003** (-2.012)	-0.003** (-2.037)
Couponrate	0.568** (2.351)	0.568* (1.869)			0.220 (1.141)	0.275* (1.741)
Lev	0.021*** (3.785)	0.021** (2.204)	-1.747* (-2.007)	-1.736** (-2.052)	0.025** (2.054)	0.024** (2.060)

续表

变量	(1) Spread	(2) Spread	(3) Opaque	(4) Opaque	(5) Spread	(6) Spread
ROA	-0.059***	-0.060***	-2.401*	-2.288*	-0.078**	-0.074**
	(-3.885)	(-3.893)	(-1.916)	(-1.823)	(-2.052)	(-2.013)
Turn	-0.004**	-0.004	-1.004*	-0.989*	-0.030*	-0.029*
	(-2.055)	(-1.285)	(-1.809)	(-1.805)	(-1.953)	(-1.882)
SLOP	-0.165***	-0.145***			-0.994	-0.855
	(-7.026)	(-6.881)			(-1.006)	(-0.858)
GDP	-0.447*	-0.421**			-0.035*	-0.031
	(-1.701)	(-2.382)			(-1.856)	(-1.028)
截距	0.238**	0.356**	2.141***	2.016***	0.564	0.512
	(2.350)	(2.355)	(7.284)	(6.845)	(1.363)	(1.221)
Year	控制	控制	控制	控制	控制	控制
Industry	控制	控制	控制	控制	控制	控制
R^2	0.132	0.122	0.141	0.159	0.235	0.262
obs.	502	502	502	502	502	502

注：***、**、* 分别表示在1%、5%、10%水平上显著。括号中报告的是T值。

第五章 公司治理视角下机构持股对债券风险溢价的影响

表5.15中，(1)列和(2)列分别以稳定机构投资者持股比例和不稳定机构投资者持股比例为自变量，以债券风险溢价为因变量，同时将债券特征、公司特征、宏观经济特征作为控制变量的模型(5.1)的回归结果，用以检验机构投资者持股稳定性对债券风险溢价的直接影响。(3)列和(4)列分别以稳定机构投资者持股比例和不稳定机构投资者持股比例为自变量，以信息环境治理为因变量，同时将公司特征作为控制变量的模型(5.2)的回归结果，用以检验自变量对中介变量的影响。(5)列和(6)列分别以稳定机构投资者持股比例及信息环境治理和不稳定机构投资者持股比例及信息环境治理为自变量，以债券风险溢价为因变量，同时将债券特征、公司特征、宏观经济特征作为控制变量的模型(5.3)的回归结果，用以检验中介效果是否存在。

(1)列和(2)列回归结果与前文结果一致。(3)列中，稳定机构投资者持股比例与信息环境治理呈负相关关系，且在10%水平上显著。该结果说明，机构投资者稳定持股能显著增强企业信息披露，降低信息不对称程度。(4)列中，不稳定机构投资者持股比例与信息环境治理呈负相关关系，且在10%水平上显著，该结果说明不稳定机构投资者"用脚投票"频繁交易，致使其交易行为泄露企业更多的有价值的信息，降低信息不对称性。(5)列的回归结果中，加入了中介变量信息环境治理后，信息环境越好债券风险溢价越低，稳定机构投资者持股比例回归系数显著性水平不变，但是系数绝对值有所降低，说明信息环境治理在稳定机构投资者对债券风险溢价的影响中起到部分中介作用，假设H4得到验证。(6)列的回归结果中，信息披露水平越低的公司其债券风险溢价越高。不稳定机构投资者持股比例显著性水平不变，但是系数有所下降，说明信息环境治理在不稳定机构投资者对债券风险溢价的影响中起到部分中介作用，假设 H4 再一次得到验证。

综上所述，信息环境治理层面，稳定和不稳定持股的机构投资者对债券风险溢价的影响有两条路径，一是直接影响，二是通过降低信息不对称程度间接影响债券风险溢价。

七 稳健性检验

为了避免相关变量设定对结果的影响，本书将替换重要的变量以使结果具有可靠性。股东治理方面，使用其他应收款项/期末总资产表示大股东资金占用行为。董事会治理方面，使用高管背景是否存在董事长和总经理两职合一表示董事会治理水平。管理层治理方面，使用管理层持股比例表示管理层治理水平。信息环境治理方面，使用无形资产占总资产比例表示信息不对称性。再次对相关模型进行回归分析，未列表的回归结果与之前的回归结果相比，无显著性变化，说明本书的研究结果具有合理性。

上述研究以公司治理为视角，具体从机构投资者持股的比例、期限、稳定性方面进行了详细的中介效应分析，具体影响路径如表 5.16 所示。

表 5.16 机构持股对债券风险溢价的影响路径

影响路径	效应显著性	是否为影响路径
持股比例→债券风险溢价	直接效应显著	是
持股比例→股东治理→债券风险溢价	中介效应不显著	否
持股比例→管理层治理→债券风险溢价	中介效应显著	是
持股比例→董事会治理→债券风险溢价	中介效应不显著	否
持股比例→信息环境治理→债券风险溢价	中介效应显著	是

第五章　公司治理视角下机构持股对债券风险溢价的影响

续表

影响路径	效应显著性	是否为影响路径
长期持股→债券风险溢价	直接效应显著	是
长期持股→股东治理→债券风险溢价	中介效应显著	是
长期持股→管理层治理→债券风险溢价	中介效应不显著	否
长期持股→董事会治理→债券风险溢价	中介效应显著	是
长期持股→信息环境治理→债券风险溢价	中介效应显著	是
短期持股→债券风险溢价	直接效应显著	是
短期持股→股东治理→债券风险溢价	中介效应不显著	否
短期持股→管理层治理→债券风险溢价	中介效应显著	是
短期持股→董事会治理→债券风险溢价	中介效应不显著	否
短期持股→信息环境治理→债券风险溢价	中介效应显著	是
稳定持股→债券风险溢价	直接效应显著	是
稳定持股→股东治理→债券风险溢价	中介效应显著	是
稳定持股→管理层治理→债券风险溢价	中介效应显著	是
稳定持股→董事会治理→债券风险溢价	中介效应显著	是
稳定持股→信息环境治理→债券风险溢价	中介效应显著	是
不稳定持股→债券风险溢价	直接效应显著	是
不稳定持股→股东治理→债券风险溢价	中介效应不显著	否
不稳定持股→管理层治理→债券风险溢价	中介效应不显著	否
不稳定持股→董事会治理→债券风险溢价	中介效应不显著	否
不稳定持股→信息环境治理→债券风险溢价	中介效应显著	是

本章小结

由于相关利益者之间的利益分配结构和风险敏感性不同，公司治理结构产生的代理冲突对债券风险溢价的影响不可忽视,而且机构投资者作为特殊的股东,出于不同的投资目的其参与公司治理的行为方式和影响效果存在差异性,从理论上来说,机构投资者可以通过公司治理来影响债券风险溢价。本章参考标准普尔(2002)制定的框架来评估企业的公司治理结构,从股东治理、管理层治理、董事会治理和信息环境治理四个方面,研究机构投资者持股通过公司治理对债券风险溢价的影响路径。结果发现,以大股东资金占用表示的股东治理是机构长期持股和稳定持股影响债券风险溢价的中介变量,长期和稳定机构投资者可以通过监督作用减少大股东的资金占用行为,保护中小股东的利益,同时公司价值的提升降低了公司违约风险,进而表现出较低的债券风险溢价。以高管薪酬业绩敏感性表示的管理层治理是机构持股比例、机构短期持股、机构稳定持股影响债券风险溢价的中介变量,稳定和高比例持股的机构投资者更关注企业价值的提升,他们可以实施一些激励计划来提高管理层的薪酬业绩敏感性以达到目的,业绩的提升预示着公司违约风险的降低、债券风险溢价的降低,机构投资者这时更多地表现为监督者,虽然机构短期持股也可以提高管理层薪酬业绩敏感性,但是短期机构投资者更多地表现为与管理层的串谋以达到短期利益目标,这将损害长期公司价值,增加公司未来风险,提高债券风险溢价。以独立董事比例表示的董事会治理是机构长期持股和机构稳定持股影响债券风险溢价的中介变量,独立董事本身就是一种优化公司治理结构、加强投资者保护的长期监督制度,机构投资者的长期持股和稳定持股加强了这种监督激励,提高了包括债券投资者在内的公司相关投资者的利益保护水平,其经济后果之一是降低了债券投资者要求的风险溢价。以公司过去3年操纵性应计项目绝对值之和表示的信息环境治理是所有机构投资者持股特征影响债券风险溢价的中介变量，信息是评估企业价值的重要因素，也是评估公司违约概率和决定债券风险溢价的重要指标，拥有专业投资背景的机构投资者是信息收集、使用、传播的主体，机构投资者可以通过影响信息环境治理来影响债券投资的评估，进而影响债券风险溢价。

第六章
机构异质性视角下机构持股对债券风险溢价的影响

第四章和第五章已经回答了机构投资者对债券风险溢价是否有影响和如何影响的问题，本章将在此基础上回答受到外部影响下的异质性机构投资者持股行为对债券风险溢价的差异化影响。本章按照机构投资者是否与被投资公司存在商业关系将其划分为压力敏感型机构投资者和压力抵制型机构投资者。研究发现，压力抵制型机构投资者由于不存在商业关系，监督激励较强，加强了机构投资者持股积极作用；压力敏感型机构投资者由于存在商业关系，期望获取短期利益，加剧了持股消极作用。

随着市场的发展，机构投资者持股呈现多元化、大规模特点，不仅能影响市场的总体趋势，而且能逐渐加深对公司治理的影响。目前，我国主要机构投资者包括基金、券商、信托公司、QFII、社保基金、券商理财、保险公司等。表6.1列举了我国主要机构投资者2003~2016年的持股数量。我国机构投资者中持股数量占比最大的是基金，是其他类型机构投资者持股规模的数倍，这说明我国机构投资者以证券投资基金为主体。投资基金持

第六章 机构异质性视角下机构持股对债券风险溢价的影响

股规模大体呈现增长式发展,其中2007年投资基金持股规模出现拐点,相比2006年增加了1倍多,此后呈现波动式增长,2009年以后持股规模均未低于900亿股。2006年及以后保险公司是仅次于证券投资基金的第二大机构投资者。由于2010年以前证监会和保监会对保险资金进入股市存在限制,其发展缓慢,当2010年保监会颁布《保险资金运用管理暂行办法》,将保险资金投资股票的最高比例上升至公司总资产的20%后,保险公司持股规模呈现跳跃式增长,2010年持股规模是2009年的5.6倍,随后以年均13.45%的速度增长,截至2016年其持股规模为741.5亿股。其他类型的机构投资者持股规模较小,虽然近十几年来稳步增长但是增速较慢。

表6.1　2003~2016年我国主要机构投资者持股数量

单位:亿股

年份	基金	券商	信托公司	QFII	社保基金	券商理财	保险公司
2003	107.10	20.13	3.00	0.60	1.80	0.00	0.00
2004	186.31	22.78	2.29	2.86	5.19	0.00	0.00
2005	248.18	19.19	1.75	15.24	12.29	0.85	4.61
2006	376.51	19.81	2.08	29.46	21.01	4.87	33.47
2007	782.12	17.03	9.11	9.63	7.80	8.70	45.04
2008	854.95	11.81	21.03	18.16	12.69	8.98	63.12
2009	1060.74	16.08	26.85	21.49	16.32	16.18	62.07
2010	987.67	30.47	36.49	43.08	25.91	22.23	347.80
2011	1088.47	34.87	37.31	51.39	38.49	25.85	429.79
2012	1121.06	33.96	40.37	62.78	71.11	29.01	472.15
2013	920.02	21.74	53.84	86.37	113.36	39.07	511.99
2014	964.57	28.46	38.45	98.85	129.51	43.61	570.19

续表

年份	基金	券商	信托公司	QFII	社保基金	券商理财	保险公司
2015	932.23	51.02	29.34	63.59	214.64	65.03	681.45
2016	1161.00	47.84	28.28	75.15	261.46	136.14	741.50

资料来源：Wind 数据库。

不同的机构投资者在投资理念、投资领域、专业背景、法制环境、管理方式等方面存在较为明显的差异，这些差异使一些机构投资者在公司治理中起到领头羊的作用而其他机构投资者表现出"羊群行为"。由于机构投资者面临的融资压力、被投资公司等存在差异，他们介入公司治理的作用表现出差异性。一些机构投资者积极介入公司决策，经常反对管理层的决策，甚至辞退与其风格不符的管理者。而另外一些机构投资者尽量避免与管理层发生冲突，或是直接"用脚投票"，表现出消极的治理行为。有些机构投资者在干预企业行动时，由于与被投资公司存在持续商业联系，他们行使监督权利时存在顾虑，而相对独立的机构投资者则更能积极改善公司治理（Bushee，1998）。本章将进一步检验受到外部影响下的异质性机构投资者持股行为对债券风险溢价的差异化影响。

第一节 理论分析与研究假设

最早研究机构投资者异质性的是学者 Brickley 等（1988），他们将机构投资者划分为"压力抵制型"和"压力敏感型"，区分依据是判断机构投资者与公司是否存在商业关系。压力抵制型机构投资者如养老基金、共同基金等与企业没有商业关系，他们更倾向于监督管理层的行为，积极参与公司治理；压力敏感型机构投资者如保险公司、信托基金等与企业有商业关系，他们更倾向于与管理层发生串谋行为以取得一些好处，这类机构投资者缺乏监督激励。Cornett等（2007）按照此方法进行分类，研究异质性机构投资者与公司现金收益的关系。研究发现，压力抵制型机构投资者与公司无业务往来，保持较好的独立性，可以有效激励公司提升业绩，增加公司现金收益。李青原等（2013）将机构投资者分为压力抵制型和压力敏感型，考察了不同类型机构投资者对上市公司股价调整速度的影响。研究发现，压力抵制型机构投资者占优势时，机构投资者将体现出监督效应；压力敏感型机构投资者占优势时，机构投资者与管理层存在串谋风险。

机构投资者也是一类特殊的公司，不同的产权性质使其受到不同程度的行政干预，进而影响到其对公司治理的作用（杨海燕等，2012）。Ferreira和Matos（2008）利用来自27个国家的股票持有的综合数据集，研究全球机构投资者。他们发现，外国机构投资者和独立的机构投资者由于与被投资公司不存在商业关系，能够较好发挥监督作用，提高企业价值，有利于实现股东价值最大化，而国内机构投资者和非独立的机构投资者由于与被投资公司存在商业往来且与管理层发生串谋的可能性大，没有改善公司治理。马超（2015）将机构投资者以是否受到政府影响为依据划分为独立（证券投资基金和QFII）和非独立（其他类型机构投资者）两种类型，检验机构投资者持股对股票流动性的影响，结果表明独立机构投资者持股比例与股票流动性水平呈U形关系，而非独立机构投资者持股发挥的作用较为有限，仅能在一定程度上提升股票流动性。

综合国外和国内学者对机构投资者分类的研究，本书依据

Brickley 等（1988）的研究，按照机构投资者是否与公司存在商业关系，将其划分为压力抵制型机构投资者（可简称为抵制型机构投资者）和压力敏感型机构投资者（可简称为敏感型机构投资者）。压力抵制型机构投资者包括基金、社保基金和 QFII，压力敏感型机构投资者包括企业年金、信托公司、券商、券商理财、保险公司、财务公司、银行。

在压力抵制型机构投资者中，证券投资基金是中国规模最大且与上市公司没有潜在业务联系的机构投资者，能够积极参与公司治理。社保基金，是我国政府主导的平稳增长型基金，由全国社会保障基金理事会统一管理，其投资理念一般为长期价值最大化，不进行短期投机行为，与被投资公司不存在业务往来。QFII，是合格境外投资者的简称，与上市公司无商业联系，其投资决策可以避免受到政府的控制，同时在西方文化的影响下，这类机构投资者往往遵循长期价值投资原则，持股期限较长。其他类型的机构投资者由于持股规模较小，介入公司治理激励动机不足，难以发挥监督作用。

在压力敏感型机构投资者中，保险公司作为第二大的机构投资者，收取保费，并将保费所得资本投资于债券、股票、贷款等，运用这些资产所得收入支付保单所确定的保险赔偿。保险公司通过上述业务，能够在投资中获得高额回报并以较低的保费向客户提供适当的保险服务，从而盈利，由于承担着事故风险、赔偿压力，保险公司与被投资公司存在某些业务往来，甚至发生串谋以达到盈利目标。

由于压力敏感型机构投资者通常会考虑其与公司之间的商业投资关系，为了能够获取既得利益，其与管理层容易发生串谋，监督激励较弱，不能改善公司治理环境，会损害公司企业价值。

压力抵制型机构投资者与被投资公司不存在商业往来，能够保持较好的独立性。投资基金是我国最大的专业机构投资者，具有较成熟的投资理念和专业化的分析方法，通常能够参与公司治理。根据以上分析，我们做出以下假设。

H1：压力抵制型机构投资者能增强对债券风险溢价的积极作用。

H2：压力敏感型机构投资者能增强对债券风险溢价的消极作用。

第二节 研究设计

一 样本与数据收集

由于银行间债券市场具有同质化的特点，风险偏好一致，市场传导机制难以有效运转，所以本书选取沪深两市上市公司交易所债券为研究样本。中国证监会于2007年8月发布了《公司债券发行试点办法》，此后企业债开始得到重视与加速发展。同时，为了避免金融危机对研究结果产生结构性影响，本书所使用的样本区间是2009~2016年。

根据研究需要，我们按照如下原则对样本进行了筛选。①本书只保留了固定利率的债券，因为固定利率债券能更好地描述债券投资者的风险敏感性。②由于要用到上一年的财务数据，所以剔除了IPO当年的样本。③剔除金融类公司，因为金融类公司具有特定的财务处理方法和受到不同于其他企业的法律约束。④剔除数据缺失的样本。⑤剔除ST和*ST的公司，因为该类公司连年亏损,对投资者的风险敏感性具有较大影响。⑥为了剔除异常值对实证结果的影响,对样本中所有连续变量都在1%和99%分位数上做了Winsorize处理。样本中的债券信息、企业财务信息、股权结构信息等数据均来自Wind数据库和国泰安数据库,所有变量都是通过股票代码和债券代码进行匹配。

二 模型构建

为了检验机构投资者异质性对债券风险溢价的影响,我们建立如下模型:

$$Spread_{i,t} = \alpha + \beta_1 Inst_{i,t-1} + \beta_2 Issueamount_t + \beta_3 Term_t + \beta_4 Couponrate_t + \beta_5 Lev_{t-1} + \beta_6 ROA_{t-1} + \beta_7 Turn_{t-1} + \beta_8 GDP_{t-1} + \beta_9 SLOP_{t-1} + Industry + Year + \varepsilon_{i,t} \quad (6.1)$$

其中,$Spread$ 表示债券风险溢价,等于债券到期收益率与剩余期限相同的国债到期收益率之差。$Inst$ 表示异质性机构投资者持股比例,包括压力抵制型机构投资者持股比例($Inst\_resis$)、压力敏感型机构投资者持股比例($Inst\_sensi$)。同时加入了债券特征控制变量:债券发行规模($Issueamount$)、债券期限($Term$)、债券票面利率($Couponrate$)。公司特征控制变量:资产负债率(Lev)、总资产收益率(ROA)、总资产周转率($Turn$)。宏观经济特征控制变量:国内生产总值(GDP)、无风险收益率曲线斜率($SLOP$)。除此之外,考虑到企业的行业特性和宏观经济周期变动对研究的影响,本书控制了行业($Industry$)和年度($Year$)变量。具体变量度量方法见变量描述。

三 变量描述

变量定义与描述方法如表6.2所示。

第六章 机构异质性视角下机构持股对债券风险溢价的影响

表6.2 变量定义

变量类型	变量符号	变量含义
被解释变量	Spread	债券风险溢价。用债券到期收益率与剩余期限相同的国债到期收益率之差表示
解释变量	Inst	机构投资者持股比例合计
	Inst_resis	压力抵制型机构投资者持股比例
	Inst_sensi	压力敏感型机构投资者持股比例
债券特征控制变量	Issueamount	债券发行规模。取对数
	Term	债券期限
	Couponrate	债券票面利率
公司特征控制变量	Lev	资产负债率。描述企业偿还能力，负债的账面价值/总资产
	ROA	总资产收益率。描述企业盈利能力，（净利润×2）/（期初总资产+期末总资产）×100%
	Turn	总资产周转率。描述企业运营能力，（营业总收入×2）/（期初总资产+期末总资产）×100%
宏观经济特征控制变量	GDP	国内生产总值。描述宏观经济增长，取对数
	SLOP	无风险收益率曲线斜率。10年期与1年期国债到期收益率之差
	Industry	行业类别虚拟变量
	Year	宏观年度虚拟变量

1. 债券风险溢价（Spread）

债券风险溢价（Spread），用债券利差表示，被定义为债券到期收益率与剩余期限相同的国债到期收益率之差。企业债券到期收益率由两部分组成，一部分是无风险收益率，一部分是有风险收益率。一般认为国债收益率是无风险的，所以企业债收益率与国债收益率之差就表示含有风险的企业债券收益率。

2. 机构投资者持股

该指标等于机构投资者持股数量占上市公司 A 股流通股数量的比例。由于机构投资者发挥公司治理作用需要较长时间才能凸显效果（Yuan，2007），本书采用滞后一期的持股比例数据，用以考察机构投资者持股对下一年的债券风险溢价的影响。

3. 机构投资者异质性

根据 Brickley 等（1988）的方法，将机构投资者分为压力抵制型机构投资者和压力敏感型机构投资者。压力抵制型机构投资者包括基金、社保基金和 QFII，压力敏感型机构投资者包括企业年金、信托公司、券商、券商理财、保险公司、财务公司、银行。

4. 债券特征控制变量

债券发行规模（*Issueamount*），被定义为债券初始发行额度，出于可视化的目的，我们对该变量进行对数变换，从而更好地进行统计推断。债券期限（*Term*），一般认为期限较长的企业债券流动性会较差并且未来的不确定性会升高，故风险较大，导致债券风险溢价升高。债券票面利率（*Couponrate*），当公司发行的债券的票面利率较高时，意味着风险较大，故债券风险溢价较高。

5. 公司特征控制变量

资产负债率（*Lev*），为负债的账面价值/总资产。该变量描述的是企业偿还能力，杠杆比率越高，公司发生违约的概率越大。总资产收益率（*ROA*），为（公司 i 在 t 年的营业总收入×2）/（期初总资产+期末总资产）×100%。总资产收益率描述的是企业的盈利能力，盈利能力高的企业在未来有足够的现金流偿还到期债务，违约风险较低，能够降低债券风险溢价。总资产周转率（*Turn*），为（公司 i 在 t 年的营业总收入×2）/（期初总资产+

期末总资产）×100%。总资产周转率描述的是企业的运营能力，运营能力高的企业，现金回流的速度快，能够降低违约风险，进而降低债券风险溢价。

6. 宏观经济特征控制变量

持续、稳定和高速的经济增长表明经济发展势头良好，企业利润持续上升，债券风险溢价降低，国内生产总值（GDP）是反映宏观经济增长的最佳指标。对于无风险收益率曲线斜率（$SLOP$），根据利率期限结构理论，在国债收益率曲线上，长端利率反映了未来即期利率。如果国债收益率曲线变陡了，就是斜率增大了，预示经济向好，未来利率升高，债券风险溢价降低，反之升高。

第三节 实证结果及分析

一 描述性统计

样本的描述性统计如表 6.3 所示。

表 6.3 样本描述性统计

变量名	变量符号	均值	中位数	标准差	最小值	最大值
债券风险溢价	$Spread$	2.249	1.848	0.631	0.149	3.946
机构投资者持股比例	$Inst$	0.548	0.570	0.228	0.001	0.937
压力抵制型机构投资者持股比例	$Inst\_resis$	0.524	0.451	0.147	0.001	0.937
压力敏感型机构投资者持股比例	$Inst\_sensi$	0.032	0.012	0.073	0.002	0.625

续表

变量名	变量符号	均值	中位数	标准差	最小值	最大值
债券发行规模	*Issueamount*	11.673	11.695	0.895	9.210	14.286
债券期限	*Term*	5.496	5.000	2.351	2.00	10.000
债券票面利率	*Couponrate*	0.057	0.055	0.012	0.012	0.090
资产负债率	*Lev*	0.590	0.611	0.161	0.142	0.931
总资产收益率	*ROA*	0.031	0.026	0.044	0.002	0.259
总资产周转率	*Turn*	0.572	0.471	0.428	0.59	2.353
国内生产总值	*GDP*	13.258	13.297	0.205	12.763	13.443
无风险收益率曲线斜率	*SLOP*	0.007	0.005	0.006	0.003	0.021

从表6.3的描述性统计，我们可以看出以下两点。①压力抵制型机构投资者总体持股比例（均值0.524）要高于压力敏感型机构投资者（均值0.032），压力抵制型机构投资者倾向于重仓持股，更有动机去参与公司的经营活动。②压力抵制型机构投资者持股比例标准差是压力敏感型机构投资者的2倍，而且压力抵制型机构投资者持股比例最大值远大于最小值，说明压力抵制型机构投资者持股比例差异性较大，机构投资者的投资理念存在差异。

二 机构投资者异质性与债券风险溢价

根据模型（6.1），我们将债券特征变量、公司特征变量和宏观经济指标特征变量作为控制变量，采用面板多元回归方法检验机构投资者持股比例对债券风险溢价的影响，回归结果见表6.4。

表6.4 机构投资者持股比例与债券风险溢价多元回归结果

变量	全样本 Spread	压力抵制型 Spread	压力敏感型 Spread
$Inst$	-0.887**	-0.165**	-0.233
	(-2.150)	(-2.131)	(-0.323)
$Issueamount$	-0.380***	-0.006**	-0.008***
	(-3.403)	(-2.140)	(-2.878)
$Term$	0.094	-0.003**	-0.003**
	(0.236)	(-2.627)	(-2.522)
$Couponrate$	0.545***	0.214	0.196
	(7.216)	(1.118)	(0.856)
Lev	0.025**	0.023*	0.023*
	(2.294)	(1.926)	(1.903)
ROA	-0.059***	-0.090**	-0.120**
	(-3.858)	(-2.441)	(-2.510)
$Turn$	-0.004	-0.001	-0.003
	(-0.887)	(-0.268)	(-0.773)
$SLOP$	-0.152***	-1.285*	-0.997*
	(-6.770)	(-1.707)	(-1.876)
GDP	-0.256*	-0.050*	-0.037*
	(-1.836)	(-1.736)	(-1.945)
截距	0.271**	0.782**	0.595**
	(2.078)	(1.983)	(2.042)
$Year$	控制	控制	控制
$Industry$	控制	控制	控制
R^2	0.138	0.148	0.168
obs.	502	502	502

注：***、**、* 分别表示在1%、5%、10%水平上显著。括号中报告的是T值。

根据回归结果我们可以看出以下两点。①压力抵制型机构投资者持股比例与债券风险溢价呈负相关关系，系数为-0.165，在5%置信水平上显著。说明压力抵制型机构投资者由于不存在商业关系，监督激励较强，随着持股比例的上升，更有可能参与公司治理，有效提高公司价值，同时降低公司的违约风险，保护债券持有人的利益，降低企业的债券风险溢价，假设H1得到验证。②压力敏感型机构投资者持股比例表现出负向影响债券风险溢价，但是不显著。该类型机构投资者持股比例回归系数显著性有所降低，说明其监督激励不强，弱化了机构持股的积极作用，假设H2得到验证。

三　机构投资者异质性、持股期限与债券风险溢价

压力敏感型机构投资者持股不能显著降低债券风险溢价，为此我们进一步检验机构投资者异质性与其持股特征对债券风险溢价的共同作用。我们分别从异质性和持股期限两个维度将样本分为4个组，即压力抵制型长期机构投资者、压力抵制型短期机构投资者、压力敏感型长期机构投资者和压力敏感型短期机构投资者，计算各组机构投资者持股比例，控制债券特征变量、公司特征变量和宏观经济特征变量后进行回归分析，结果如表6.5所示。

根据回归结果我们可以看出以下两点。①在长期机构投资者中，压力抵制型机构投资者持股比例回归系数绝对值大于全样本持股比例回归系数绝对值，说明由于压力抵制型机构投资者与公司不存在商业关系，以及政府隐性担保的社保基金的存在，债券投资者的利益得到进一步保护，压力抵制型长期机构投资者持股能进一步降低债券风险溢价；压力敏感型机构投资者与被投资公

司存在商业关系，致使长期持股对债券风险溢价的积极效应减弱（压力敏感型长期机构投资者持股比例回归系数绝对值 0.259＜全样本长期机构投资者持股比例回归系数绝对值 0.685）。②在短期机构投资者中，压力抵制型机构投资者持股比例能提高债券风险溢价，但是结果不显著，其回归系数相比全样本有所降低，说明压力抵制型机构投资者的自然属性能够抵消一部分短期投资带来的风险冲击；压力敏感型短期机构投资者（系数 0.253，5％ 显著）要比全样本短期机构投资者（系数 0.228，不显著）持股更能提高债券风险溢价，说明压力敏感型机构投资者由于存在商业关系，加剧了与管理层的串谋风险。

表 6.5　机构投资者持股期限与债券风险溢价多元回归结果

变量	全样本 $Spread$	全样本 $Spread$	抵制型 $Spread$	敏感型 $Spread$	抵制型 $Spread$	敏感型 $Spread$
$Inst\_long$	-0.685** (-2.345)		-0.696** (-2.131)	-0.259* (-2.059)		
$Inst\_short$		0.228 (0.599)			0.035 (1.408)	0.253** (2.437)
$Issueamount$	-0.360*** (-3.063)	-0.451*** (-4.177)	-0.006** (-1.976)	-0.005* (-1.773)	-0.008** (-2.626)	-0.007* (-1.733)
$Term$	-0.105** (-2.034)	-0.109** (-2.568)	-0.003* (-1.872)	-0.003* (-1.954)	-0.003** (-2.029)	-0.003** (-2.197)
$Couponrate$	0.567*** (7.191)	0.565*** (7.589)	0.271* (1.702)	0.331* (1.821)	0.227 (1.158)	0.196 (0.765)
Lev	0.020** (2.434)	0.021** (2.308)	0.023* (1.918)	0.017 (0.932)	0.024** (2.024)	0.076** (2.766)

续表

变量	全样本 Spread	全样本 Spread	抵制型 Spread	敏感型 Spread	抵制型 Spread	敏感型 Spread
ROA	-0.060*** (-3.831)	-0.062*** (-4.017)	-0.076** (-2.104)	-0.189*** (-4.929)	-0.079** (-2.082)	-0.139*** (-2.592)
Turn	-0.004 (-0.701)	-0.005 (-0.784)	-0.001 (-0.203)	-0.002 (-0.649)	-0.003 (-0.866)	-0.002 (-0.527)
SLOP	-0.163*** (-7.085)	-0.177** (-2.493)	-1.483 (-1.534)	-0.499 (-0.937)	-1.403* (-1.912)	-0.550 (-0.456)
GDP	-0.281** (-2.264)	-0.435* (-1.755)	-0.046* (-1.853)	-0.048** (-2.164)	-0.047 (-1.536)	-0.026** (-2.302)
截距	0.395** (2.056)	0.212** (2.225)	0.721* (1.780)	0.355* (1.916)	0.749* (1.794)	0.464* (1.908)
Year	控制	控制	控制	控制	控制	控制
Industry	控制	控制	控制	控制	控制	控制
R^2	0.123	0.223	0.244	0.187	0.179	0.221
obs.	502	502	502	502	502	502

注：***、**、*分别表示在1%、5%、10%水平上显著。括号中报告的是T值。

四 机构投资者异质性、持股稳定性与债券风险溢价

我们进一步检验机构投资者异质性与持股稳定性对债券风险溢价的共同作用。我们分别从异质性和持股稳定性两个维度将样本分为4个组，即压力抵制型稳定机构投资者、压力抵制型不稳定机构投资者、压力敏感型稳定机构投资者和压力敏感型不稳定机构投资者，计算各组机构投资者持股比例，控制债券特征变量、公司特征变量和宏观经济特征变量后进行回归分析，结果如表6.6所示。

表6.6 机构投资者持股稳定性与债券风险溢价多元回归结果

变量	全样本 Spread	全样本 Spread	抵制型 Spread	敏感型 Spread	抵制型 Spread	敏感型 Spread
Inst_LIO	-0.536** (-2.038)		-0.677** (-2.124)	-0.016* (-1.854)		
Inst_SIO		0.018* (1.732)			0.017** (2.051)	0.106* (1.799)
Issueamount	-0.423*** (-3.882)	-0.458** (-2.499)	-0.008*** (-2.613)	-0.007** (-1.986)	-0.007** (-2.132)	-0.014** (-2.932)
Term	-0.106 (-1.525)	-0.107** (-2.495)	-0.003** (-2.095)	-0.003** (-2.584)	-0.003*** (-2.721)	-0.017** (-2.591)
Couponrate	0.568** (2.351)	0.568* (1.869)	0.239* (1.864)	0.186* (1.808)	0.244* (1.992)	0.627 (1.609)
Lev	0.021*** (3.785)	0.021** (2.204)	0.025** (2.108)	0.002* (1.819)	0.030** (2.357)	0.057* (1.823)
ROA	-0.059*** (-3.885)	-0.060*** (-3.893)	-0.066* (-1.840)	-0.125** (-2.640)	-0.075** (-2.039)	-0.146** (-2.829)
Turn	-0.004** (-2.055)	-0.004 (-1.285)	-0.002 (-0.562)	-0.003 (-0.796)	-0.002 (-0.588)	0.001 (0.122)
SLOP	-0.165*** (-7.026)	-0.145*** (-6.881)	-1.258 (-1.640)	-1.267 (-1.028)	-0.722* (-1.733)	-0.617 (-0.607)
GDP	-0.447* (-1.701)	-0.421** (-2.382)	-0.073* (-1.705)	-0.045* (-1.885)	-0.028 (-0.937)	-0.020 (-0.639)
截距	0.238** (2.350)	0.356** (2.355)	0.763* (1.887)	0.719* (1.975)	0.485* (1.883)	0.281** (2.175)
Year	控制	控制	控制	控制	控制	控制
Industry	控制	控制	控制	控制	控制	控制

续表

变量	全样本	全样本	抵制型	敏感型	抵制型	敏感型
	$Spread$	$Spread$	$Spread$	$Spread$	$Spread$	$Spread$
R^2	0.132	0.122	0.147	0.151	0.191	0.191
obs.	502	502	502	502	502	502

注：***、**、* 分别表示在1%、5%、10%水平上显著。括号中报告的是 T 值。

根据回归结果我们可以看出以下两点。①在稳定机构投资者中，压力抵制型机构投资者（系数 -0.677，5% 显著）要比压力敏感型机构投资者（系数 -0.016，10% 显著）更能降低债券风险溢价，同时其绝对值比全样本稳定机构投资者回归系数绝对值大。说明压力抵制型机构投资者往往监督激励作用更大，加上稳定持有股份，其目的是最大限度提升公司价值，其更有可能参与公司治理，发挥监督作用。②在不稳定机构投资者中，压力敏感型机构投资者由于存在商业关系，加剧了与管理层的串谋风险，以获取短期利益，所以压力敏感型机构投资者不稳定持股相比压力抵制型机构投资者不稳定持股，更能显著提高债券风险溢价（压力敏感型不稳定机构投资者持股比例回归系数 0.106 > 压力抵制型不稳定机构投资者持股比例回归系数 0.017）。

五 稳健性检验

对于机构投资者，除按照是否与被投资公司存在商业关系划分以外，还可以按照机构投资者是否受到政府影响将其划分。本书参照 Ferreira 和 Matos（2008）的方法，将机构投资者按照是否受到政府影响划分为独立型机构投资者和非独立型机构投资者。独立型机构投资者包括基金、QFII。非独立型机构投资者包括企业年金、信托公司、社保基金、券商、券商理财、保险公司、财

第六章 机构异质性视角下机构持股对债券风险溢价的影响

务公司、银行。为了检验机构投资者异质性对债券风险溢价的影响，我们建立如下模型：

$$Spread_{i,t} = \alpha + \beta_1 Inst2_{i,t-1} + \beta_2 Issueamount_t + \beta_3 Term_t + \beta_4 Couponrate_t + \beta_5 Lev_{t-1} + \beta_6 ROA_{t-1} + \beta_7 Turn_{t-1} + \beta_8 GDP_{t-1} + \beta_9 SLOP_{t-1} + Industry + Year + \varepsilon_{i,t} \quad (6.2)$$

其中 $Spread$ 表示债券风险溢价，等于债券到期收益率与剩余期限相同的国债到期收益率之差。$Inst2$ 表示异质性机构投资者持股比例，包括独立型机构投资者持股比例（$Inst\_independ$）、非独立型机构投资者持股比例（$Inst\_depend$）。同时加入了债券层面控制变量：债券发行规模（$Issueamount$）、债券期限（$Term$）、债券票面利率（$Couponrate$）。公司层面控制变量：资产负债率（Lev）、总资产收益率（ROA）、总资产周转率（$Turn$）。宏观经济层面控制变量：国内生产总值（GDP）、无风险收益率曲线斜率（$SLOP$）。除此之外，考虑到企业的行业特性和宏观经济周期变动对研究的影响，本书控制了行业（$Industry$）和年度（$Year$）变量。

1. 机构投资者独立性与债券风险溢价

根据模型（6.2），我们将债券特征变量、公司特征变量和宏观经济特征变量作为控制变量，采用面板多元回归方法检验机构投资者持股比例对债券风险溢价的影响，回归结果见表6.7。

表6.7 机构投资者持股比例与债券风险溢价多元回归结果

变量	全样本	独立	非独立
	$Spread$	$Spread$	$Spread$
$Inst$	－0.887 **	－0.597 **	－0.148 *
	（－2.150）	（－2.262）	（－1.870）
$Issueamount$	－0.380 ***	－0.008 ***	－0.007 **
	（－3.403）	（－2.594）	（－2.364）

续表

变量	全样本 Spread	独立 Spread	非独立 Spread
$Term$	0.094 (0.236)	-0.004** (-2.260)	-0.003* (-1.680)
$Couponrate$	0.545*** (7.216)	0.226 (1.175)	0.193 (0.964)
Lev	0.025** (2.294)	0.029** (2.376)	0.024** (1.992)
ROA	-0.059*** (-3.858)	-0.063* (-1.778)	-0.077** (-2.049)
$Turn$	-0.004 (-0.887)	-0.029* (-1.849)	-0.029* (-1.856)
$SLOP$	-0.152*** (-6.770)	-1.379* (-1.726)	-1.527 (-1.553)
GDP	-0.256* (-1.836)	-0.078* (-1.829)	-0.049 (-1.644)
截距	0.271** (2.078)	1.167** (2.019)	0.777* (1.904)
$Year$	控制	控制	控制
$Industry$	控制	控制	控制
R^2	0.138	0.148	0.164
obs.	502	502	502

注：***、**、*分别表示在1%、5%、10%水平上显著。括号中报告的是T值。

根据回归结果我们可以看出以下两点。①独立型机构投资者持股能显著降低债券风险溢价，系数为-0.597，5%显著。说明独立型机构投资者可以不受外界的影响，依靠自身的专业优势做出投资选择，其更加关注企业的业绩，有效防止大股东侵占、管理层侵占等行为，同时可以降低信息不对称性，维护债权人的利益,有利于降低债券风险溢价。②非独立型机构投资者持股能显著降低债券风险溢价,系数为 -0.148,10% 显著,系数绝对值小于独立型机构投资者持股。说明该类机构投资者受到政府政策影响较大,监督和治理激励作用不能完全发挥出来。

2. 机构投资者独立性、持股期限与债券风险溢价

我们进一步检验机构投资者独立性与持股期限对债券风险溢价的共同作用。我们将样本分为4个组,即独立型长期机构投资者、独立型短期机构投资者、非独立型长期机构投资者和非独立型短期机构投资者,计算各组机构投资者持股比例,控制债券特征变量、公司特征变量和宏观经济特征变量后进行回归分析,结果如表6.8所示。

表6.8 机构投资者持股期限与债券风险溢价多元回归结果

变量	独立 Spread	非独立 Spread	独立 Spread	非独立 Spread
$Inst\_long$	-0.023*** (-2.894)	-0.022*** (-2.789)		
$Inst\_short$			0.026** (2.074)	0.008* (1.833)
$Issueamount$	-0.007** (-2.260)	-0.007** (-1.982)	-0.008*** (-2.743)	-0.009*** (-2.663)
$Term$	-0.004** (-2.148)	-0.003** (-2.541)	-0.003** (-2.092)	-0.003* (-1.922)
$Couponrate$	0.215 (1.058)	0.456* (1.861)	0.198 (1.007)	0.206 (0.967)

续表

变量	独立 Spread	非独立 Spread	独立 Spread	非独立 Spread
Lev	0.031** (2.387)	0.004 (0.226)	0.027** (2.208)	0.025* (1.864)
ROA	−0.063* (−1.743)	−0.101** (−2.513)	−0.077** (−2.010)	−0.105** (−2.453)
Turn	−0.002 (−0.585)	−0.001 (−0.459)	−0.001 (−0.237)	−0.004 (−1.023)
SLOP	−1.492* (−1.717)	−1.218* (−1.702)	−1.485* (−1.763)	−1.356 (−1.173)
GDP	−0.084* (−1.863)	−0.035 (−1.090)	−0.080* (−1.823)	−0.046* (−1.884)
截距	0.704* (1.705)	0.571* (1.898)	0.767* (1.835)	0.749* (1.929)
Year	控制	控制	控制	控制
Industry	控制	控制	控制	控制
R^2	0.229	0.213	0.223	0.237
obs.	502	502	502	502

注：***、**、*分别表示在1%、5%、10%水平上显著。括号中报告的是T值。

根据回归结果我们可以看出以下几点。①所有类型的长期机构投资者都能显著降低债券风险溢价，系数都小于0且至少1%显著；所有类型的短期机构投资者都能显著提高债券风险溢价。②在长期机构投资者中，独立型与非独立型在长期机构投资者中不存在显著差别。说明长期机构投资者以提升远期公司价值为目的，不会受到关联交易或政府的影响。③在短期机构投资者中，独立型机构投资者（系数0.026，5%显著）相比非独立型机构投

第六章 机构异质性视角下机构持股对债券风险溢价的影响

资者（系数0.008，10%显著）更能提高债券风险溢价，说明非独立型机构投资者受到政府管制影响，短视消极行为作用得以缓解。

3. 机构投资者独立性、持股稳定性与债券风险溢价

我们将样本分为4个组，即独立型稳定机构投资者、独立型不稳定机构投资者、非独立型稳定机构投资者和非独立型不稳定机构投资者，计算各组机构投资者持股比例，控制债券特征变量、公司特征变量和宏观经济特征变量后进行回归分析，结果如表6.9所示。

表6.9 机构投资者持股稳定性与债券风险溢价多元回归结果

变量	独立 Spread	非独立 Spread	独立 Spread	非独立 Spread
Inst_LIO	-0.023** (-2.206)	-0.047* (-1.821)		
Inst_SIO			0.036* (1.788)	0.016 (1.598)
Issueamount	-0.008*** (-2.657)	-0.008** (-2.481)	-0.008** (-2.054)	-0.008*** (-2.708)
Term	-0.004** (-2.244)	-0.003* (-1.945)	-0.004*** (-3.011)	-0.002 (-1.081)
Couponrate	0.221 (1.146)	0.219 (1.070)	0.219 (0.902)	0.507** (2.135)
Lev	0.029** (2.343)	0.025** (2.015)	0.034** (2.445)	0.018 (1.175)
ROA	-0.062* (-1.750)	-0.076** (-1.982)	-0.077** (-1.966)	-0.040 (-0.991)
Turn	-0.002 (-0.681)	-0.002 (-0.574)	-0.001 (-0.267)	-0.002 (-0.540)

续表

变量	独立	非独立	独立	非独立
	Spread	Spread	Spread	Spread
SLOP	-1.415*	-1.291	-0.444	-1.321
	(-1.750)	(-1.258)	(-0.435)	(-0.977)
GDP	-0.078*	-0.045	-0.020	-0.039
	(-1.830)	(-1.430)	(-0.624)	(-0.956)
截距	0.770*	0.718*	0.374*	0.620*
	(1.909)	(1.681)	(1.877)	(1.822)
Year	控制	控制	控制	控制
Industry	控制	控制	控制	控制
R^2	0.122	0.114	0.133	0.142
obs.	502	502	502	502

注：***、**、*分别表示在1％、5％、10％水平上显著。括号中报告的是T值。

根据回归结果我们可以看出以下几点。①所有类型的稳定机构投资者都能显著降低债券风险溢价，系数都小于0且至少10％显著。除非独立型机构投资者外，所有类型的不稳定机构投资者都能显著提高债券风险溢价。说明机构投资者的频繁交易能被债券投资者识别，出于保护自身利益的目的，其要求高的风险溢价，但非独立型机构投资者往往存在政府隐性担保，其频繁交易不能显著提高债券风险溢价。②在机构稳定持股方面，非独立型机构投资者持股比例回归系数绝对值大于独立型机构投资者持股比例回归系数绝对值，说明公司价值受到双重担保，第一，稳定机构投资者可以提高公司治理水平，第二，非独立型机构投资者往往存在政府隐性担保，其稳定持股能显著降低公司违约风险，降低债券利差。③在机构不稳定持股方面，非独立型机构投资者的关联交易和政府隐性担保削弱了机构投资者频繁交易带来的公司价值波动影响，回归系数不显著。

第六章　机构异质性视角下机构持股对债券风险溢价的影响

本章小结

　　本章从机构投资者异质性的角度出发,分析不同类型的机构投资者对债券风险溢价影响的差异。将机构投资者按照是否与被投资公司存在商业关系分成两组,一组为存在商业关系的压力敏感型机构投资者,另一组为不存在商业关系的压力抵制型机构投资者,分别结合持股行为特征研究其对债券风险溢价的差异影响。结果发现,压力抵制型机构投资者由于不存在商业关系,监督激励较强,随着持股比例的上升,可以有效提高公司价值,降低企业债券风险溢价。压力敏感型机构投资者持股比例可以负向影响债券风险溢价。由于政府隐性担保的存在,债券投资者的利益得到进一步保护,压力抵制型长期机构投资者持股能进一步降低债券风险溢价。压力敏感型机构投资者与被投资公司存在商业关系,致使长期持股对债券风险溢价的积极效应减弱。压力抵制型机构投资者的自然属性能够抵消一部分短期投资带来的风险冲击,压力敏感型机构投资者由于存在商业关系,加剧了与管理层的串谋风险,以获取短期利益。在稳定机构投资者中,压力抵制型机构投资者要比压力敏感型机构投资者更能降低债券风险溢价。在不稳定机构投资者中,压力敏感型机构投资者由于存在商业关系,加剧了与管理层的串谋风险,以获取短期利益。在稳健性检验中,本章又按照机构投资者是否受到政府影响将其划分为独立型和非独立型机构投资者,进一步进行实证检验,结果发现机构投资者的不同属性能够造成差异化影响。

第七章
研究结论与政策建议

　　机构投资者随着持股比例的上升越来越能够介入公司治理，目的不同的机构投资者往往表现出不一致的持股动机，对公司治理的影响表现出积极的治理作用和消极的利益侵占。本书以机构投资者为研究对象，首先研究其持股行为对债券风险溢价的直接影响，其次以公司治理为视角，研究机构投资者持股行为对债券风险溢价的影响路径，最后考虑机构投资者异质性视角下，其持股行为对债券风险溢价的共同影响。

　　本章是对全书的总结和梳理，在经过理论分析和实证检验之后，本书得到了一些有价值的论证，这些结论能够为企业、投资者、政策制定者提供一些建议和依据。本章主要从如下两个方面进行整理和论述。①研究结论。主要总结本研究过程中得到的启示和研究结果，包括理论成果和实证成果。②政策建议。根据本书的研究成果，提出相应的政策建议，为企业提供公司治理建议，为投资者提供公司价值评估依据，为政策制定者提供资本市场发展的战略和制度建议。

第七章　研究结论与政策建议

第一节　研究结论

首先，本书在基础理论框架下对相关研究进行系统的文献梳理，归纳分析了债券风险溢价现有研究的不足，拓展了传统基于财务层面的公司违约债券溢价的研究，同时拓展了机构投资者持股行为在债券市场上的经济后果研究，引出了本书的研究空间。其次，根据对债券市场发展和机构投资者发展背后的制度变迁的梳理和现状分析，说明了机构投资者参与公司治理的必然性和必要性，并从理论上分析了机构投资者对债券风险溢价的积极效用和消极效用。最后，本书基于三条主线研究机构投资者对债券风险溢价的影响。第一条为机构投资者持股行为对债券风险溢价的直接影响，第二条为以公司治理为视角的机构投资者对债券风险溢价的影响路径，第三条为考虑外部影响下异质性机构投资者持股行为对债券风险溢价的差异化影响。通过深入的理论分析和实证研究，本书得出了以下几方面的结论。

（1）债券市场从初期到现在已经取得较大的发展，但是相比较股票市场和金融机构贷款仍有不小的差距，而且发展结构不合理。除财务信息外，公司治理结构不合理产生的代理冲突对债券风险溢价的影响不可忽视。机构投资者作为最大的流通股股东，越来越能够介入公司治理。由于机构投资者的投资领域和投资理念不同，其持股行为表现出较大的差异性。机构投资者持股行为积极作用更多地表现为监督动机，出于自身收益最大化的目的，其越来越倾向于利用手中所有权地位介入公司治理，降低公司违约风险，其经济后果在债券市场的表现为债券风险溢价的降低。

机构投资者持股行为消极作用则更多地表现为利益攫取和串谋动机，采用"用脚投票"和"羊群行为"等方式进行投机活动，不仅不能帮助企业改善治理环境反而会加剧公司风险，进一步提高债券风险溢价。

（2）机构投资者持股比例越高越能显著降低债券风险溢价，机构投资者作为最大的流通股股东，掌握高比例股权的同时拥有较大的投票权，出于自身收益最大化的目的，其监督激励较强，更能主动积极参与公司治理，提高公司业绩和价值，同时持股较多短期内难以套现，由此产生的倒逼机制使机构投资者不得不更加积极地帮助企业发展，高比例持股产生未来盈利的积极信号，当被债券投资者感知后表现为较低的风险溢价诉求。但是，某些机构投资者的持股行为却表现出消极的利益侵占，在以持股期限将其划分为长期持股和短期持股行为后，发现机构投资者的长期持股能显著降低债券风险溢价，长期持股能更好地起到监督作用，减少管理层短视行为，保护股东和债权人的利益，降低企业未来风险。短期机构投资者持股比例与债券风险溢价正相关，但不显著。在进一步区分产权性质的稳健性检验中得到，由于国有企业存在隐性担保作用，机构投资者追求短期收益，损害公司价值的行为不能被投资者感知，非国有企业中短期机构投资者持股显著提高债券风险溢价。进一步考察持股稳定性后，发现稳定持股能降低公司股票价格波动率，降低违约风险。不稳定机构投资者的频繁交易会造成股票市场动荡，不利于债券投资者估计企业价值，进而要求高的风险溢价。最后考虑股权集中度的情况，集中的股权可以增强机构投资者持股行为的影响效果。

（3）由于相关利益者之间的利益分配结构和风险敏感性不同，公司治理结构不合理产生的代理冲突对债券风险溢价的影响

第七章 研究结论与政策建议

不可忽视，而且机构投资者作为特殊的股东，出于不同的投资目的，参与公司治理的行为方式和影响效果存在差异性，从理论上来看机构投资者可以通过公司治理影响债券风险溢价。本书参考标准普尔（2002）制定的框架来评估企业的公司治理结构，从股东治理、管理层治理、董事会治理和信息环境治理四个方面，研究机构投资者持股通过公司治理对债券风险溢价的影响路径。结果发现，以大股东资金占用表示的股东治理是机构长期持股和稳定持股影响债券风险溢价的中介变量，长期和稳定机构投资者可以通过监督作用减少大股东的资金占用行为，保护中小股东的利益，同时公司价值的提升降低了公司违约风险，进而表现出较低的债券风险溢价。以高管薪酬业绩敏感性表示的管理层治理是机构持股比例、机构短期持股、机构稳定持股影响债券风险溢价的中介变量，稳定和高比例持股的机构投资者更关注企业价值的提升，他们可以实施一些激励计划来提高管理层的薪酬业绩敏感性以达到目的，业绩的提升预示着公司违约风险的降低、债券风险溢价的降低，机构投资者这时更多地表现为监督者，虽然机构短期持股也可以提高管理层薪酬业绩敏感性，但是短期机构投资者更多地表现为与管理层的串谋以达到短期利益目标，这将损害长期公司价值，增加公司未来的风险，提高债券风险溢价。以独立董事比例表示的董事会治理是机构长期持股和机构稳定持股影响债券风险溢价的中介变量，独立董事本身就是一种优化公司治理结构、加强投资者保护的长期监督制度，机构投资者的长期持股和稳定持股进一步加强了这种监督激励，进一步提高了包括债券投资者在内的公司相关投资者的利益保护水平，其经济后果之一是降低了债券投资者要求的风险溢价。以公司过去3年操纵性应计项目绝对值之和表示的信息环境治理是机构投资者持股特征影响债券风险溢价的中介变量，信息是评估企业价值的重要因素，也是评估公司违约概率和决定债券风险溢价的重要指标，拥有专业投资背景的机构投资者是信息收集、使用、传播的主体，机构投资者可以通过影响信息环境治理来影响债券投资的评估，进而影响债券风险溢价。

（4）机构投资者由于管理方法、投资策略、公司文化、利益目的等不同而存在较为明显的差异，差异的存在导致机构投资者在公司治理方面表现出不同的态度，压力抵制型机构投资者由于不存在商业关系，监督激励较强，随着持股比例的上升，可以有效提高公司价值，降低企业的债券风险溢价。压力敏感型机构投资者持股比例可以负向影响债券风险溢价。由于政府隐性担保的存在，债券投资者的利益得到进一步保护，压力抵制型长期机构投资者持股能进一步降低债券风险溢价。压力敏感型机构投资者与被投资公司存在商业关系，致使长期持股对债券风险溢价的积极效应减弱。压力抵制型机构投资者的自然属性能够抵消一部分短期投资带来的风险冲击，压力敏感型机构投资者由于存在商业关系，加剧了与管理层的串谋风险，以获取短期利益。在稳定机构投资者中，压力抵制型机构投资者要比压力敏感型机构投资者更能降低债券风险溢价。在不稳定机构投资者中，压力敏感型机构投资者由于存在商业关系，加剧了与管理层的串谋风险，以获取短期利益。独立型机构投资者可以不受外界的影响，依靠自身的专业优势做出投资选择，其更加关注企业的业绩，有效防止大股东侵占、管理层侵占等行为，同时可以降低信息不对称性，维护债权人的利益，有利于降低债券风险溢价。非独立型机构投资者持股比例虽然也能显著降低债券风险溢价，但是效果不如独立型机构投资者的明显，说明该类机构投资者受到政府政策影响较大，监督和治理激励作用不能完全发挥出来。独立型与非独立型在长期机构投资者中不存在显著差别，说明长期机构投资者以提升远期公司价值为目的，不会受到关联交易或政府的影响。独立型短期机构投资者相比非独立型短期机构投资者更能提高债券风险溢价，说明非独立型机构投资者受到政府管制影响，短视消极行为得以遏制。在机构稳定持股方面，非独立型机构投资者持股比例回归系数绝对值大于独立型机构投资者持股比例回归系数绝对值，说明公司价值受到双重担保，第一，稳定机构投资者可以提高公司治理水平，第二，非独立型机构投资者往往存在政府隐性担保，其稳定持股能显著降低公司违约风险，降低债券利差。在机构不稳定持股方面，非独立型机构投资者的关联交易和政府隐性担保削弱了机构投资者频繁交易带来的公司价值波动影响。

第二节 政策建议

（1）针对债券市场发展缓慢的问题，我国应该提高政府监管效率，缓解民营企业融资难问题。中国债券市场监管主体较多，容易导致监管冲突以及管理错位。近几年，针对债券市场的发展，国家层面制定了详细的发展战略，并且出台了一系列配套的政策法规及补充规定，各地政府也制定了发展规划和管理制度，债券市场的发展已经得到了有效监督，这在一定程度上缓解了企业债务融资约束，尤其是民营企业的融资难题。但是对比国外发达国家的管理制度，我国债券市场的监管和投资者保护机制仍不完善，各级政府应该加大监管力度，完善相应的法律法规，营造一个制度完善、环境良好的市场发展生态。

（2）针对债券投资者法律保护欠缺的问题，我国应提高监管质量，保护债权人利益。债券市场的发展离不开中小投资者的积极参与，但是，信息不对称与企业内部代理问题的存在，使得中小投资者财富受到严重损害，进而在一定程度上制约了债券市场的发展。政府部门应提高政府监管质量，从根本上保护债权人利益。具体做法如下：提高发债企业的信息披露水平，完善信息披露机制，从根本上减少企业与投资者之间的信息不对称，提高投资者决策能力，同时加大对经营不佳与违规企业的惩处力度，保证良好企业参与市场的积极性，为投资者创造良好的投资环境。

（3）针对部分机构投资者频繁交易的问题，我国应引导机构投资者长期稳定持股，重点培育积极类型的机构投资者。机构投资者的发展经历了初期、多元发展时期、快速发展时期，目前已经初具规模，但是各个类型的机构投资者发展不均衡，造成结构化失衡。证券投资基金是最大最早的独立型机构投资者，正因如此，其中部分机构投资者的频繁交易给市场带来了巨大的冲击，造成股票市场震荡，同时波及债券市场，造成较高的债券宏观风险溢价。因此，应加强对短期和不稳定机构投资者的管控，鼓励长期稳定机构投资者持股，增加证券市场的稳定性，重点培育积极类型的机构投资者，减少政府对诸如企业年金、社保基金、养老基金等相对长期稳定类型机构投资者的干预，使其充分发挥公司治理作用。

（4）针对机构投资者专业化多元化发展问题，应鼓励更多的机构投资者参与市场投资活动，营造多元自由的投资环境。资本市场运行的本质是努力提高全社会的资源配置效率，提高资金的边际贡献率，使资金流向更有效率的企业，以价值最大化为目标促进全社会的发展。随着我国市场化进程的不断推进以及改革开

第七章 研究结论与政策建议

放的不断深化，国内资本市场与世界各国市场的交易越来越频繁，但是目前我国基础监管制度尚不完善，需要建立一些市场监督制度来保障所有者权益，机构投资者也应发挥监督作用，提高企业价值，以弥补政府监管的缺失。但是，目前的政策仍然在某些方面限制机构投资者的投资行为，而且一些机构投资者受政府影响较深，不能完全发挥其应有的治理功能。为了更好地发挥机构投资者的治理优势，实现市场资源的有效配置，我国应该以更自由、更平等、更开放的态度鼓励更多类型的机构投资者参与市场竞争，最大限度地发挥市场竞争优势，以自由竞争市场为主体发挥机构投资者的治理功能。

（5）针对股东与债权人代理冲突问题，股票市场和债券市场的发展应该立足全局，以整体利益和战略布局为出发点。公司治理、债券市场、机构投资者是在一个竞争体系中发展壮大的，任何割裂三者关系的做法都将使市场资源配置效率大打折扣。机构投资者比其他投资者更能实现金融系统功能，其可以作为股票市场、债券市场间的联系纽带，从全局出发，平衡股东、管理层、债权人等相关利益者的利益，从而达到相关利益者价值最大化目标，满足市场经济条件下金融体系进化的需要。基于此，我国应从全局出发，建立健全各项法律机制，不能单一发展某类机构投资者，应全面协调资源配比，使机构投资者的发展服务于整体金融战略，从根本上保护证券投资者的利益。

（6）针对国有企业中机构投资者治理优势不明显的问题，我国应深化国有企业改革，鼓励混合所有制企业的发展。我国市场经济中国有企业占比较大，企业的发展受政府影响较深，不能完全发挥市场主体作用。为了更好地发挥机构投资者对公司治理的积极作用，应该鼓励更多的非国有经济进入国有企业，形成混合所有制经营，提高企业活力和国际化竞争力；鼓励机构投资者积极参与国有上市公司的经营活动，减少地方政府对当地上市公司的干预，引入独立专业的机构投资者和经理人，提高管理层的业绩敏感性，发挥机构投资者积极的监督作用。

参考文献

[1] 巴曙松、姚飞：《中国债券市场流动性水平测度》，《统计研究》2013年第12期，第95~99页。

[2] 白云霞、林秉旋、王亚平、吴联生：《所有权、负债与大股东利益侵占——来自中国控制权转移公司的证据》，《会计研究》2013年第4期，第66~72页。

[3] 曹丰、鲁冰、李争光、徐凯：《机构投资者降低了股价崩盘风险吗？》，《会计研究》2015年第11期，第55~61页。

[4] 陈灿：《大股东减持与机构投资者交易行为研究》，《金融经济学研究》2016年第4期，第92~100页。

[5] 陈小林、孔东民：《机构投资者信息搜寻、公开信息透明度与私有信息套利》，《南开管理评论》2012年第1期，第113~122页。

[6] 戴国强、孙新宝：《我国企业债券信用利差宏观决定因素研究》，《财经研究》2011年第12期，第61~71页。

[7] 戴子礼、张冰莹：《R&D投入对股东及债权人利益关系的影响——基于我国A股上市公司的实证研究》，《系统工程》2013年第10期，第29~33页。

[8] 邓可斌、唐小艳：《机构投资者真的有助于降低盈余管理

吗?——来自中国上市公司混合与平衡面板数据的证据》,《产业经济研究》2010年第5期,第71~78页。

[9] 方红星、施继坤、张广宝:《产权性质、信息质量与公司债定价——来自中国资本市场的经验证据》,《金融研究》2013年第4期,第170~182页。

[10] 傅家骥、周刚、雷家骕:《大股东治理与国有企业改革》,《数量经济技术经济研究》2001年第2期,第5~8页。

[11] 韩亮亮:《异质机构投资者、实际控制人性质与银行高管货币薪酬》,《商业经济与管理》2016年第10期,第69~77页。

[12] 韩晴、王华:《独立董事责任险、机构投资者与公司治理》,《南开管理评论》2014年第5期,第54~62页。

[13] 孔东民、孔高文、刘莎莎:《机构投资者、流动性与信息效率》,《管理科学学报》2015年第3期,第1~15页。

[14] 李斌、郭剑桥:《高管薪酬与公司绩效关系的实证研究》,《财经问题研究》2013年第11期,第115~121页。

[15] 李青原、刘惠、王红建:《机构投资者持股、异质性与股价延迟度研究》,《证券市场导报》2013年第10期,第24~32页。

[16] 李争光、赵西卜、曹丰、卢晓璇:《机构投资者异质性与企业绩效——来自中国上市公司的经验证据》,《审计与经济研究》2014年第5期,第77~87页。

[17] 李志辉、杨思静、孟焰:《独立董事兼任:声誉抑或忙碌——基于债券市场的经验证据》,《审计研究》2017年第5期,第96~103页。

[18] 梁朝晖、王宗胜、曹刚:《非信用风险因素对公司债信用利

差的影响》,《北京理工大学学报》(社会科学版) 2015 年第 6 期, 第 90~98 页。

[19] 林晓发、李国平、王海妹等:《分析师预测与企业债券信用利差——基于 2008—2012 年中国企业债券数据》,《会计研究》2013 年第 8 期, 第 69~75 页。

[20] 刘京军、徐浩萍:《机构投资者: 长期投资者还是短期机会主义者?》,《金融研究》2012 年第 9 期, 第 141~154 页。

[21] 刘涛、毛道维、宋海燕:《机构投资者: 选择治理还是介入治理——基于薪酬—绩效敏感度的内生性研究》,《山西财经大学学报》2013 年第 11 期, 第 95~105 页。

[22] 刘妍、王利、张荣霞、周睿:《股权分置改革对上市公司现金股利行为影响的实证检验》,《统计与决策》2014 年第 18 期, 第 154~157 页。

[23] 路军伟、韩菲、石昕:《高管薪酬激励、管理层持股与盈余管理偏好——基于对盈余管理方式的全景式考察》,《山西财经大学学报》2015 年第 11 期, 第 89~103 页。

[24] 马超:《机构投资者独立性与股票流动性——基于深圳主板 A 股市场上市公司的实证研究》,《金融经济学研究》2015 第 4 期, 第 65~74 页。

[25] 闵晓平、桂荷发、严武:《基于主成分分析的公司债券市场流动性衡量研究》,《证券市场导报》2011 年第 7 期, 第 70~77 页。

[26] 牛建波、吴超、李胜楠:《机构投资者类型、股权特征和自愿性信息披露》,《管理评论》2013 年第 3 期, 第 48~59 页。

[27] 欧阳励励、陈辉发、张川:《终极控股股东类型、两权分离

度与公司债券融资成本》,《山西财经大学学报》2014 年第 9 期,第 92~103 页。

[28] 潘越、戴亦一、魏诗琪:《机构投资者与上市公司"合谋"了吗:基于高管非自愿变更与继任选择事件的分析》,《南开管理评论》2011 年第 2 期,第 69~81 页。

[29] 彭利达:《大股东与上市公司现金分红:异质机构投资者的调节作用》,《金融经济学研究》2016 年第 3 期,第 98~106 页。

[30] 齐鲁光、韩传模:《机构投资者持股、高管权力与现金分红研究》,《中央财经大学学报》2015 年第 4 期,第 52~57 页。

[31] 屈文洲、谢雅璐、叶玉妹:《信息不对称、融资约束与投资—现金流敏感性——基于市场微观结构理论的实证研究》,《经济研究》2011 年第 6 期,第 105~117 页。

[32] 史永东、王谨乐:《中国机构投资者真的稳定市场了吗?》,《经济研究》2014 年第 12 期,第 100~112 页。

[33] 孙红梅、黄虹、刘媛:《机构投资、高管薪酬与公司业绩研究》,《技术经济与管理研究》2015 年第 1 期,第 50~55 页。

[34] 孙克:《企业债信用价差动态过程的影响因素研究》,《证券市场导报》2010 年第 7 期,第 24~31 页。

[35] 陶瑜、彭龙、刘寅:《机构投资者行为对信息效率的影响研究》,《北京工商大学学报》(社会科学版)2016 年第 5 期,第 87~97 页。

[36] 田利辉、叶瑶、张伟:《两权分离与上市公司长期回报:利益侵占还是简政释权》,《世界经济》2016 年第 7 期,第 49~

72页。

[37] 王安兴、杜琨：《债务违约风险与期权定价研究》，《管理科学学报》2016年第1期，第117~126页。

[38] 王俊飚、刘明、王志诚：《机构投资者持股对新股增发折价影响的实证研究》，《管理世界》2012年第10期，第172~173页。

[39] 王琨、肖星：《机构投资者持股与关联方占用的实证研究》，《南开管理评论》2005年第2期，第27~33页。

[40] 王雄元、张春强、何捷：《宏观经济波动性与短期融资券风险溢价》，《金融研究》2015年第1期，第68~83页。

[41] 王亚平、刘慧龙、吴联生：《信息透明度、机构投资者与股价同步性》，《金融研究》2009年第12期，第162~174页。

[42] 王咏梅、王亚平：《机构投资者如何影响市场的信息效率——来自中国的经验证据》，《金融研究》2011年第10期，第112~126页。

[43] 魏明海、黄琼宇、程敏英：《家族企业关联大股东的治理角色——基于关联交易的视角》，《管理世界》2013年第3期，第133~147页。

[44] 吴先聪、张健、胡志颖：《机构投资者特征、终极控制人性质与大股东掏空——基于关联交易视角的研究》，《外国经济与管理》2016年第6期，第3~20页。

[45] 吴晓晖、姜彦福：《机构投资者影响下独立董事治理效率变化研究》，《中国工业经济》2006年第5期，第105~111页。

[46] 夏立军、方轶强：《政府控制、治理环境与公司价值》，《经济研究》2005年第5期，第40~51页。

[47] 谢德仁、黄亮华：《代理成本、机构投资者监督与独立董事津贴》，《财经研究》2013 年第 2 期，第 92~102 页。

[48] 徐光伟、刘星：《公司治理环境、资产配置偏好与利益侵占》，《管理工程学报》2012 年第 4 期，第 32~38 页。

[49] 徐向艺、王俊韡：《控制权转移、股权结构与目标公司绩效——来自深、沪上市公司 2001—2009 的经验数据》，《中国工业经济》2011 年第 8 期，第 89~98 页。

[50] 许年行、于上尧、伊志宏：《机构投资者羊群行为与股价崩盘风险》，《管理世界》2013 年第 7 期，第 31~43 页。

[51] 杨大楷、王鹏：《盈余管理与公司债券定价——来自中国债券市场的经验证据》，《国际金融研究》2014 年第 4 期，第 86~96 页。

[52] 杨丰来、黄永航：《企业治理结构、信息不对称与中小企业融资》，《金融研究》2006 年第 5 期，第 159~166 页。

[53] 杨海燕、孙健、韦德洪：《机构投资者独立性对代理成本的影响》，《证券市场导报》2012 年第 1 期，第 25~30 页。

[54] 叶松勤、徐经长：《大股东控制与机构投资者的治理效应——基于投资效率视角的实证分析》，《证券市场导报》2013 年第 5 期，第 35~42 页。

[55] 于静霞、周林：《货币政策、宏观经济对企业债券信用利差的影响研究》，《财政研究》2015 年第 5 期，第 49~57 页。

[56] 张娆：《机构投资者、大股东行为与企业绩效》，《宏观经济研究》2014 年第 12 期，第 122~133 页。

[57] 赵静、方兆本：《中国公司债信用利差决定因素——基于结构化理论的实证研究》，《经济管理》2011 年第 11 期，第 138~148 页。

[58] 赵涛、郑祖玄:《信息不对称与机构操纵——中国股市机构与散户的博弈分析》,《经济研究》2002 年第 7 期,第 41~48 页。

[59] 赵晓琴、万迪昉:《上市公司债券票面利差形成影响因素研究》,《证券市场导报》2011 年第 8 期,第 46~50 页。

[60] 甄红线、王谨乐:《机构投资者能够缓解融资约束吗?——基于现金价值的视角》,《会计研究》2016 年第 12 期,第 51~57 页。

[61] 郑国坚、林东杰、张飞达:《大股东财务困境、掏空与公司治理的有效性——来自大股东财务数据的证据》,《管理世界》2013 年第 5 期,第 157~168 页。

[62] 周宏、林晚发、李国平、王海妹:《信息不对称与企业债券信用风险估价——基于 2008~2011 年中国企业债券数据》,《会计研究》2012 年第 12 期,第 36~42 页。

[63] 周宏、林晚发、李国平:《信息不确定、信息不对称与债券信用利差》,《统计研究》2014 年第 5 期,第 66~72 页。

[64] 周宏、徐兆铭、彭丽华、杨萌萌:《宏观经济不确定性对中国企业债券信用风险的影响——基于 2007~2009 年月度面板数据》,《会计研究》2011 年第 12 期,第 41~45 页。

[65] 祝继高、叶康涛、陆正飞:《谁是更积极的监督者:非控股股东董事还是独立董事?》,《经济研究》2015 年第 9 期,第 170~184 页。

[66] Ackerloff, G. , "The Market for Lemons: Quality Uncertainty and The Market Mechanism", *Quarterly Journal of Economics*, 1970, 84 (3): 488 – 500.

[67] Admati, A. R. , Pfleiderer, P. , Zechner, J. , "Large Shareholder

Activism, Risk Sharing, and Financial Market Equilibrium", *Journal of Political Economy*, 1994, 102 (6): 1097 – 1130.

[68] Agrawal, A., Mandelker, G. N., "Managerial Incentives and Corporate Investment and Financing Decisions", *Journal of Finance*, 1987, 42 (4): 823 – 837.

[69] Ajinkya, B., Bhojraj, S., Sengupta, P., "The Association between Outside Directors, Institutional Investors and the Properties of Management Earnings Forecasts", *Journal of Accounting Research*, 2005, 43 (3): 343 – 376.

[70] Ajinkya, B., Bhojraj, S., Sengupta, P., "The Effect of Corporate Governance on Disclosure", *University of Florida, Working paper*, 1999: 16 – 29.

[71] Akerlof, G., Spence, M., Stiglitz, J., "Markets with Asymmetric Information", *Committee, Nobel Prize*, 2001.

[72] Almazan, A., Hartzell, J. C., Starks, L. T., "Active Institutional Shareholders and Costs of Monitoring: Evidence from Executive Compensation", *Financial Management*, 2005, 34 (4): 5 – 34.

[73] Amihud, Y., Lev, B., "Risk Reduction as A Managerial Motive for Conglomerate Mergers", *Bell Journal of Economics*, 1981 (6): 605 – 617.

[74] Amihud, Y., Mendelson, H., "Asset Pricing and the Bid-ask Spread", *Journal of Financial Economics*, 1986, 17 (2): 223 – 249.

[75] Anderson, R. C., Mansi, S. A., Reeb, D. M., "Founding Family Ownership and the Agency Cost of Debt", *Journal of Fi-*

nancial Economics, 2003, 68 (2): 263 -285.

[76] Anderson, R. W. , Sundaresan, S. , "Design and Valuation of Debt Contracts", *Review of Financial Studies*, 1996, 9 (1): 37 -68.

[77] Arrow, K. J. , "The Theory of Risk Aversion", *Essays in the Theory of Risk-bearing*, 1971: 90 -120.

[78] Avramov, D. , Chordia, T. , Jostova, G. et al. , "Momentum and Credit Rating", *Journal of Finance*, 2007, 62 (5): 2503 -2520.

[79] Aydemir, A. C. , Gallmeyer, M. F. , "Financial Leverage Does Not Cause the Leverage Effect", AFA 2007 Chicago Meetings Paper, Available at SSRN (2006) .

[80] Bae, K. H. , Kang, J. K. , Kim, J. M. , "Tunneling or Value Added? Evidence from Mergers by Korean Business Groups", *Journal of Finance*, 2002, 57 (6): 2695 -2740.

[81] Baik, B. , Kang, J. K. , Kim, J. M. , "Local Institutional Investors, Information Asymmetries, and Equity Returns", *Journal of Financial Economics*, 2010, 97 (1): 81 -106.

[82] Barber, B. M. , Odean, T. , Zhu, N. , "Do Retail Trades Move Markets?", *Review of Financial Studies*, 2008, 22 (1): 151 -186.

[83] Barber, B. , "Monitoring the Monitor: Evaluating CalPERS' Shareholder Activism", *Journal of Investing*, 2007, 16 (4): 66 -68.

[84] Baron, R. M. , Kenny, D. A. , "The Moderator-mediator Variable Distinction in Social Psychological Research: Conceptual, Strategic, and Statistical Considerations", *Journal of Personality*

and *Social Psychology*, 1986, 51 (6): 1173 – 1182.

[85] Bauman, M. P., "Proportionate Consolidation Versus the Equity Method: Additional Evidence on the Association with Bond Ratings", *International Review of Financial Analysis*, 2007, 16 (5): 496 – 507.

[86] Beatty, R. E., Zajac, E. J., "Managerial Incentives, Monitoring, and Risk Bearing: A Study of Executive Compensation, Ownership, and Board Structure in Initial Public Offerings", *Administrative Science Quarterly*, 1994, 39: 313 – 335.

[87] Bebchuk, L. A., Cohen, A., "The Costs of Entrenched Boards", *Journal of Financial Economics*, 2005, 78 (2): 409 – 433.

[88] Bebchuk, L. A., Cremers, K. J. M., Peyer, U. C., "The CEO Pay Slice", *Journal of Financial Economics*, 2011, 102 (1): 199 – 221.

[89] Beckworth, D., Moon, K. P., Toles, J. H., "Monetary Policy and Corporate Bond Yield Spreads", *Applied Economics Letters*, 2010, 17 (12): 1139 – 1144.

[90] Bertrand, M., Mehta, P., Mullainathan, S., "Ferreting out Tunneling: An Application to Indian Business Groups", *Quarterly Journal of Economics*, 2002, 117 (1): 121 – 148.

[91] Bhojraj, S., Sengupta, P., "Effect of Corporate Governance on Bond Ratings and Yields: The Role of Institutional Investors and Outside Directors", *Journal of Business*, 2003, 76 (3): 455 – 475.

[92] Bhattacharya, U., Daouk, H., Welker, M., "The World Price of Earnings Opacity", *Accounting Review*, 2003, 78 (3): 641 –

678.

[93] Black, B. S. , "Shareholder Passivity Reexamined", *Michigan Law Review*, 1990, 89 (3): 520 – 608.

[94] Black, F. , Scholes, M. , "The Pricing of Options and Corporate Liabilities", *Journal of Political Economy*, 1973, 81 (3): 637 – 654.

[95] Black, S. , Kirkwood, J. , Williams, T. et al. , "A History of Australian Corporate Bonds", *Australian Economic History Review*, 2013, 53 (3): 292 – 317.

[96] BliegeBird, R. , Smith, E. A. , Alvard, M. et al. , "Signaling Theory, Strategic Interaction, and Symbolic Capital", *Current Anthropology*, 2005, 46 (2): 221 – 248.

[97] Bohren, O. , Priestley, R. , Odegaard, B. A. , "The Duration of Equity Ownership", *Working Paper*, 2005.

[98] Borochin, P. , Yang, J. , "The Effects of Institutional Investor Objectives on Firm Valuation and Governance", *Journal of Financial Economics*, 2017, 126 (1): 171 – 199.

[99] Boudoukh, J. , Richardson, M. , "Stock Returns and Inflation: A Long-horizon Perspective", *American Economic Review*, 1993, 83 (5): 1346 – 1355.

[100] Bozec, Y. , Bozec, R. , "Ownership Concentration and Corporate Governance Practices: Substitution or Expropriation Effects?", *Canadian Journal of Administrative Sciences*, 2007, 24 (3): 182 – 195.

[101] Brickley, J. A. , Lease, R. C. , Smith, C. W. , "Ownership Structure and Voting on Antitakeover Amendments", *Journal of*

Financial Economics, 1988, 20: 267 - 291.

［102］ Burns, N., Kedia, S., Lipson, M., "Institutional Ownership and Monitoring: Evidence from Financial Misreporting", *Journal of Corporate Finance*, 2010, 16 (4): 443 - 455.

［103］ Bushee, B. J., "The Influence of Institutional Investors on Myopic R&D Investment Behavior", *Journal of Accounting Review*, 1998, 73 (3): 305 - 333.

［104］ Bushee, B. J., "Do Institutional Investors Prefer Near-term Earnings over Long-run Value?", *Contemporary Accounting Research*, 2001, 18 (2): 207 - 246.

［105］ Campbell, J. Y., Ramadorai, T., Schwartz, A., "Caught on Tape: Institutional Trading, Stock Returns, and Earnings Announcements", *Journal of Financial Economics*, 2009, 92 (1): 66 - 91.

［106］ Campbell, J. Y., Taksler, G. B., "Equity Volatility and Corporate Bond Yields", *Journal of Finance*, 2003, 58 (6): 2321 - 2350.

［107］ Carleton, W. T., Nelson, J. M., Weisbach, M. S., "The Influence of Institutions on Corporate Governance Through Private Negotiations: Evidence from TIAA-CREF", *Journal of Finance*, 1998, 53 (4): 1335 - 1362.

［108］ Carney, M., Gedajlovic, E., "Corporate Governance and Firm Capabilities: A Comparison of Managerial, Alliance, and Personal Capitalisms", *Asia Pacific Journal of Management*, 2001, 18 (3): 335 - 354.

［109］ Cenesizoglu, T., Essid, B., "The Effect of Monetary Policy on Credit Spreads", *Journal of Financial Research*, 2012, 35 (4): 581 – 613.

[110] Certo, S. T., Lester, R. H., Dalton, C. M. et al., "Top Management Teams, Strategy and Financial Performance: A Meta-analytic Examination", *Journal of Management Studies*, 2006, 43 (4): 813 – 839.

[111] Chakravarty, S., Sarkar, A., "Trading Costs in Three US Bond Markets", *Journal of Fixed Income*, 2003, 13 (1): 39 – 48.

[112] Chang, Y. B., Gurbaxani, V., "Information Technology Outsourcing, Knowledge Transfer, and Firm Productivity: An Empirical Analysis", *MIS Quarterly*, 2012: 1043 – 1063.

[113] Chen, L., Lesmond, D. A., Wei, J., "Corporate Yield Spreads and Bond Liquidity", *Journal of Finance*, 2007, 62 (1): 119 – 149.

[114] Chen, X., Harford, J., Li, K., "Monitoring: Which Institutions Matter?", *Journal of Financial Economics*, 2007, 86 (2): 279 – 305.

[115] Chen, Z., Cheung, Y. L., Stouraitis, A. et al., "Ownership Concentration, Firm Performance, and Dividend Policy in Hong Kong", *Pacific-Basin Finance Journal*, 2005, 13 (4): 431 – 449.

[116] Cheng, X., Degryse, H., "The Impact of Bank and Non-bank Financial Institutions on Local Economic Growth in China", *Journal of Financial Services Research*, 2010, 37 (2): 179 – 199.

[117] Cheung, Y. L., Qi, Y., Rau, P. R. et al., "Buy High, Sell

Low: How Listed Firms Price Asset Transfers in Related Party Transactions", *Journal of Banking & Finance*, 2009, 33 (5): 914 – 924.

[118] Claessens, S., Djankov, S., Lang, L. H. P., "The Separation of Ownership and Control in East Asian Corporations", *Journal of Financial Economics*, 2000, 58 (1): 81 – 112.

[119] Claessens, S., Fan, J. P. H., "Corporate Governance in Asia: A Survey", *International Review of Finance*, 2002, 3 (2): 71 – 103.

[120] Coffee, J. C., "Liquidity Versus Control: The Institutional Investor as Corporate Monitor", *Columbia Law Review*, 1991, 91 (6): 1277 – 1368.

[121] Cohen, A., "Yield on New Underwritten Corporate Bonds", *Journal of Finance*, 1962, 42: 585 – 605.

[122] Cohen, B. D., Dean, T. J., "Information Asymmetry and Investor Valuation of IPOs: Top Management Team Legitimacy as A Capital Market Signal", *Strategic Management Journal*, 2005, 26 (7): 683 – 690.

[123] Collin-Dufresne, P., Goldstein, R. S., "Do Credit Spreads Reflect Stationary Leverage Ratios?", *Journal of Finance*, 2001, 56 (5): 1929 – 1957.

[124] Core, J. E., Holthausen, R. W., Larcker, D. F., "Corporate Governance, Chief Executive Officer Compensation, and Firm Performance", *Journal of Financial Economics*, 1999, 51 (3): 371 – 406.

[125] Cornett, M. M., Marcus, A. J., Saunders, A. et al., "The

Impact of Institutional Ownership on Corporate Operating Performance", *Journal of Banking and Finance*, 2007, 31 (6): 1771 - 1794.

[126] Cremers, M., Romano, R., "Institutional Investors and Proxy Voting: The Impact of the 2003 Mutual Fund Voting Disclosure Regulation", *Working paper*, 2007.

[127] Dahiya, S., Yermack, D., "Litigation Exposure, Capital Structure and Shareholder Value: the Case of Brooke Group", *Journal of Corporate Finance*, 2003, 9 (3): 271 - 294.

[128] Dann, L. Y., DeAngelo, H., "Standstill Agreements, Privately Negotiated Stock Repurchases, and the Market for Corporate Control", *Journal of Financial Economics*, 1983, 11 (1 - 4): 275 - 300.

[129] David, P., Hitt, M. A., Liang, T. W., "The Benefits and Costs of Large Block Ownership before and During the East-Asian Crisis", *Working paper*, 2007.

[130] Miguel, A. D., Pindado, J., "Determinants of Capital Structure: New Evidence from Spanish Panel Data", *Journal of Corporate Finance*, 2001, 7 (1): 77 - 99.

[131] DeAngelo, H., Rice, E. M., "Antitakeover Charter Amendments and Stockholder Wealth", *Journal of Financial Economics*, 1983, 11 (1 - 4): 329 - 359.

[132] Dechow, P. M., Sloan, R. G., Sweeney, A. P., "Causes and Consequences of Earnings Manipulation: An Analysis of Firms Subject to Enforcement Actions by the SEC", *Contemporary Accounting Research*, 1996, 13 (1): 1 - 36.

[133] Dechow, P. M., Sloan, R. G., "Executive Incentives and the Horizon Problem: An Empirical Investigation", *Journal of Accounting and Economics*, 1991, 14 (1): 51–89.

[134] Del Guercio, D., Hawkins, J., "The Motivation and Impact of Pension Fund Activism", *Journal of Financial Economics*, 1999, 52 (3): 293–340.

[135] Denis, D. K., McConnell, J. J., "International Corporate Governance", *Journal of Financial and Quantitative Analysis*, 2003, 38 (1): 1–36.

[136] Derrien, F., Kecskés, A., Thesmar, D., "Investor Horizons and Corporate Policies", *Journal of Financial and Quantitative Analysis*, 2013, 48 (6): 1755–1780.

[137] Dechow, P. M., Sloan, R. G., Sweeney, A. P., "Detecting Earnings Management", *Accounting Review*, 1995: 193–225.

[138] Dharwadkar, R., Goranova, M., Brandes, P. et al., "Institutional Ownership and Monitoring Effectiveness: It's not just How Much but What Else You Own", *Organization Science*, 2008, 19 (3): 419–440.

[139] Dotsey, M., "The Predictive Content of the Interest Rate Term Spread for Future Economic Growth", *Economic Quarterly-Federal Reserve Bank of Richmond*, 2000, 84: 19–26.

[140] Driessen, J., "Is Default Event Risk Priced in Corporate Bonds?", *Review of Financial Studies*, 2004, 18 (1): 165–195.

[141] Duffie, D., Lando, D., "Term Structures of Credit Spreads with Incomplete Accounting Information", *Econometrica*,

2001, 69 (3): 633 - 664.

[142] Duffie, D., Singleton, K. J., "Modeling Term Structures of Defaultable Bonds", *Review of Financial Studies*, 1999, 12 (4): 687 - 720.

[143] Edmans, A., "Blockholder Trading, Market Efficiency, and Managerial Myopia", *Journal of Finance*, 2009, 64 (6): 2481 - 2513.

[144] Eisenhardt, K. M., "Agency Theory: An Assessment and Review", *Academy of Management Review*, 1989, 14 (1): 57 - 74.

[145] Elton, E. J., Gruber, M. J., Agrawal, D. et al., "Explaining the Rate Spread on Corporate Bonds", *Journal of Finance*, 2001, 56 (1): 247 - 277.

[146] Elyasiani, E., Jia, J. J., Mao, C. X., "Institutional Ownership Stability and the Cost of Debt", *Journal of Financial Markets*, 2010, 13 (4): 475 - 500.

[147] Ertimur, Y., Ferri, F., Stubben, S. R., "Board of Directors' Responsiveness to Shareholders: Evidence from Shareholder Proposals", *Journal of Corporate Finance*, 2010, 16 (1): 53 - 72.

[148] Fama, E. F., "Agency Problems and the Theory of the Firm", *Journal of Political Economy*, 1980, 88 (2): 288 - 307.

[149] Fama, E. F., Jensen, M. C., "Separation of Ownership and Control", *Journal of Law and Economics*, 1983, 26 (2): 301 - 325.

[150] Fehle, F., "Bid-ask Spreads and Institutional Ownership",

Review of Quantitative Finance and Accounting, 2004, 22 (4): 275 - 292.

[151] Ferreira, M. A., Matos, P., "The Colors of Investors' Money: The Role of Institutional Investors Around the World", *Journal of Financial Economics*, 2008, 88 (3): 499 - 533.

[152] Fong, K. Y. L., Holden, C. W., Trzcinka, C. A., "What Are the Best Liquidity Proxies for Global Research?", *Review of Finance*, 2017, 21 (4): 1355 - 1401.

[153] Friedman, E., Johnson, S., Mitton, T., "Propping and Tunneling", *Journal of Comparative Economics*, 2003, 31 (4): 732 - 750.

[154] Gallais-Hamonno, G., Oosterlinck, K., "Informational Efficiency of the Clandestine and Official Gold Markets in Paris", *Economics Letters*, 2015, 126: 28 - 30.

[155] Gao, L., Kling, G., "Corporate Governance and Tunneling: Empirical Evidence from China", *Pacific-Basin Finance Journal*, 2008, 16 (5): 591 - 605.

[156] Garmaise, M. J., Natividad, G., "Information, the Cost of Credit, and Operational Efficiency: An Empirical Study of Microfinance", *Review of Financial Studies*, 2010, 23 (6): 2560 - 2590.

[157] Gaspar, J. M., Massa, M., Matos, P. et al., "Payout Policy Choices and Shareholder Investment Horizons", *Review of Finance*, 2012, 17 (1): 261 - 320.

[158] Gaspar, J. M., Massa, M., Matos, P., "Shareholder Investment Horizons and the Market for Corporate Control", *Journal*

of Financial Economics, 2005, 76 (1): 135 - 165.

[159] Gedajlovic, E., Shapiro, D. M., "Ownership Structure and Firm Profitability in Japan", *Academy of Management Journal*, 2002, 45 (3): 565 - 575.

[160] Goldreich, D., Hanke, B., Nath, P., "The Price of Future Liquidity: Time-varying Liquidity in the US Treasury Market", *Review of Finance*, 2005, 9 (1): 1 - 32.

[161] Gopalan, R., Song, F., Yerramilli, V., "Debt Maturity Structure and Credit Quality", *Journal of Financial and Quantitative Analysis*, 2014, 49 (4): 817 - 842.

[162] Goyenko, R. Y., Holden, C. W., Trzcinka, C. A., "Do Liquidity Measures Measure Liquidity?", *Journal of Financial Economics*, 2009, 92 (2): 153 - 181.

[163] Green, T. C., "Economic News and the Impact of Trading on Bond Prices", *Journal of Finance*, 2004, 59 (3): 1201 - 1234.

[164] Grossman, S. J., Hart, O. D., "Takeover Bids, the Free-rider Problem, and the Theory of the Corporation", *Bell Journal of Economics*, 1980: 42 - 64.

[165] Guercio, D. D., Seery, L., Woidtke, T., "Do Boards Pay Attention When Institutional Investor Activists 'just vote no'?", *Journal of Financial Economics*, 2008, 90 (1): 84 - 103.

[166] Guha, D., Hiris, L., "The Aggregate Credit Spread and the Business Cycle", *International Review of Financial Analysis*, 2002, 11 (2): 219 - 227.

[167] Hartzell, J. C., Starks, L. T., "Institutional Investors and Ex-

ecutive Compensation", *Journal of Finance*, 2003, 58 (6): 2351 - 2374.

[168] Hasbrouck, J., "Trading Costs and Returns for US Equities: Estimating Effective Costs from Daily Data", *Journal of Finance*, 2009, 64 (3): 1445 - 1477.

[169] Healy, P. M., Hutton, A. P., Palepu, K. G., "Stock Performance and Intermediation Changes Surrounding Sustained Increases in Disclosure", *Contemporary Accounting Research*, 1999, 16 (3): 485 - 520.

[170] Holderness, C. G., "The Myth of Diffuse Ownership in the United States", *The Review of Financial Studies*, 2007, 22 (4): 1377 - 1408.

[171] Huang, J., Kong, W., "Explaining Credit Spread Changes: Some New Evidence from Option-adjusted Spreads of Bond Indices", *Working paper*, 2003.

[172] Huang, K., Petkevich, A., "Corporate Bond Pricing and Ownership Heterogeneity", *Journal of Corporate Finance*, 2016, 36: 54 - 74.

[173] Huddart, S., "The Effect of a Large Shareholder on Corporate Value", *Management Science*, 1993, 39 (11): 1407 - 1421.

[174] Hutton, A. P., Marcus, A. J., Tehranian, H., "Opaque Financial Reports, R2, and Crash Risk", *Journal of Financial Economics*, 2009, 94 (1): 67 - 86.

[175] Imhoff, E. A., "Accounting Quality, Auditing, and Corporate Governance", *Accounting Horizons*, 2003, 17: 117 - 128.

[176] Jarrow, R. A., Turnbull, S. M., "Pricing Derivatives on Fi-

nancial Securities Subject to Credit Risk", *Journal of Finance*, 1995, 50 (1): 53 –85.

[177] Janakiraman, S., Radhakrishnan, S., Tsang, A., "Institutional Investors, Managerial Ownership, and Executive Compensation", *Journal of Accounting, Auditing & Finance*, 2010, 25 (4): 673 –707.

[178] Jensen, M. C., Meckling, W. H., "Theory of the Firm: Managerial Behavior, Agency Costs and Ownership Structure", *Journal of Financial Economics*, 1976, 3 (4): 305 –360.

[179] Jensen, M. C., "Agency Costs of Free Cash Flow, Corporate Finance, and Takeovers", *American Economic Review*, 1986, 76 (2): 323 –329.

[180] Jensen, M. C., "The Modern Industrial Revolution, Exit, and the Failure of Internal Control Systems", *Journal of Finance*, 1993, 48 (3): 831 –880.

[181] Johnstone, R. A., Grafen, A., "Dishonesty and the Handicap Principle", *Animal Behaviour*, 1993, 46 (4): 759 –764.

[182] Jones, E. P., Mason, S. P., Rosenfeld, E., "Contingent Claims Analysis of Corporate Capital Structures: An Empirical Investigation", *Journal of Finance*, 1984, 39 (3): 611 –625.

[183] Kahn, C., Winton, A., "Ownership Structure, Speculation, and Shareholder Intervention", *Journal of Finance*, 1998, 53 (1): 99 –129.

[184] Kaniel, R., Saar, G., Titman, S., "Individual Investor Trading and Stock Returns", *Journal of Finance*, 2008, 63 (1): 273 –310.

[185] Kaplan, R. S., Urwitz, G., "Statistical Models of Bond Ratings: A Methodological Inquiry", *Journal of Business*, 1979: 231-261.

[186] Klein, A., Zur, E., "The Impact of Hedge Fund Activism on the Target Firm's Existing Bondholders", *Review of Financial Studies*, 2011, 24 (5): 1735-1771.

[187] Kubo, K., "Executive Compensation Policy and Company Performance in Japan", *Corporate Governance: An International Review*, 2005, 13 (3): 429-436.

[188] Kyle, A. S., "Continuous Auctions and Insider Trading", *Econometrica: Journal of the Econometric Society*, 1985: 1315-1335.

[189] La Porta, R., Lopez-de-Silanes, F., Shleifer, A. et al., "Investor Protection and Corporate Governance", *Journal of Financial Economics*, 2000, 58 (1): 3-27.

[190] Leland, H. E., Toft, K. B., "Optimal Capital Structure, Endogenous Bankruptcy, and the Term Structure of Credit Spreads", *Journal of Finance*, 1996, 51 (3): 987-1019.

[191] Lemmon, M. L., Lins, K. V., "Ownership Structure, Corporate Governance, and Firm Value: Evidence from the East Asian Financial Crisis", *Journal of Finance*, 2003, 58 (4): 1445-1468.

[192] Liao, H. H., Chen, T. K., Lu, C. W., "Bank Credit Risk and Structural Credit Models: Agency and Information Asymmetry Perspectives", *Journal of Banking & Finance*, 2009, 33 (8): 1520-1530.

[193] Lin, L., Manowan, P., "Institutional Ownership Composition

and Earnings Management", *Review of Pacific Basin Financial Markets and Policies*, 2012, 15 (04): 125 - 147.

[194] Lindsey, M. D., Pavur, R. J., "As the PMI Turns: A Tool for Supply Chain Managers", *Journal of Supply Chain Management*, 2005, 41 (1): 30 - 39.

[195] Liu, Y., Jiraporn, P., "The Effect of CEO Power on Bond Ratings and Yields", *Journal of Empirical Finance*, 2010, 17 (4): 744 - 762.

[196] Lo, A. W., Mamaysky, H., Wang, J., "Asset Prices and Trading Volume Under Fixed Transactions Costs", *Journal of Political Economy*, 2004, 112 (5): 1054 - 1090.

[197] Lo, A. W., "Risk Management for Hedge Funds: Introduction and Overview", *Financial Analysts Journal*, 2001, 57 (6): 16 - 33.

[198] Longstaff, F. A., Mithal, S., Neis, E., "Corporate Yield Spreads: Default Risk or Liquidity? New Evidence from the Credit Default Swap Market", *Journal of Finance*, 2005, 60 (5): 2213 - 2253.

[199] Longstaff, F. A., Schwartz, E. S., "A Simple Approach to Valuing Risky Fixed and Floating Rate Debt", *Journal of Finance*, 1995, 50 (3): 789 - 819.

[200] Lynall, M. D., Golden, B. R., Hillman, A. J., "Board Composition from Adolescence to Maturity: A Multitheoretic View", *Academy of Management Review*, 2003, 28 (3): 416 - 431.

[201] Mansi, S. A., Maxwell, W. F., Miller, D. P., "Does Auditor Quality and Tenure Matter to Investors? Evidence from the

Bond Market", *Journal of Accounting Research*, 2004, 42 (4): 755 – 793.

[202] Marais, L., Schipper, K., Smith, A., "Wealth Effects of Going Private for Senior Securities", *Journal of Financial Economics*, 1989, 23 (1): 155 – 191.

[203] Merton, R. C., "On the Pricing of Corporate Debt: The Risk Structure of Interest Rates", *Journal of Finance*, 1974, 29 (2): 449 – 470.

[204] Miller, T., Triana, M. D. C., "Demographic Diversity in the Boardroom: Mediators of the Board Diversity-firm Performance Relationship", *Journal of Management Studies*, 2009, 46 (5): 755 – 786.

[205] Murphy, K. J., Zimmerman, J. L., "Financial Performance Surrounding CEO Turnover", *Journal of Accounting and Economics*, 1993, 16 (1 – 3): 273 – 315.

[206] Murphy, K. J., "Corporate Performance and Managerial Remuneration: An Empirical Analysis", *Journal of Accounting and Economics*, 1985, 7 (1 – 3): 11 – 42.

[207] Myers, S. C., "Determinants of Corporate Borrowing", *Journal of Financial Economics*, 1977, 5 (2): 147 – 175.

[208] Pagès, H., "Can Liquidity Risk Be Subsumed In Credit Risk? A Case Study from Brady Bond Prices". *Working paper*, 2001.

[209] Parks, J. M. L., Conlon, E. J., "Compensation Contracts: Do Agency Theory Assumptions Predict Negotiated Agreements?", *Academy of Management Journal*, 1995, 38 (3): 821 – 838.

[210] Parrino, R., Sias, R. W., Starks, L. T., "Voting with Their

Feet: Institutional Ownership Changes Around Forced CEO Turnover", *Journal of Financial Economics*, 2003, 68 (1): 3 - 46.

[211] Parrino, R., "CEO Turnover and Outside Succession A Cross-sectional Analysis", *Journal of Financial Economics*, 1997, 46 (2): 165 - 197.

[212] Pástor, L., Stambaugh, R. F., "Liquidity Risk and Expected Stock Returns", *Journal of Political Economy*, 2003, 111 (3): 642 - 685.

[213] Porter, M. E., "Capital Choices: Changing the Way America Invests in Industry", *Journal of Applied Corporate Finance*, 1992, 5 (2): 4 - 16.

[214] Ratings, F., "Credit Policy Special Report: Evaluating Corporate Governance: The Bondholders' Perspective", *Working paper*, 2004.

[215] Roll, R., "A Simple Implicit Measure of the Effective Bid-ask Spread in An Efficient Market", *Journal of Finance*, 1984, 39 (4): 1127 - 1139.

[216] Ross, S. A., "The Economic Theory of Agency: The Principal's Problem", *American Economic Review*, 1973, 63 (2): 134 - 139.

[217] Sanders, W. M., Boivie, S., "Sorting Things Out: Valuation of New Firms in Uncertain Markets", *Strategic Management Journal*, 2004, 25 (2): 167 - 186.

[218] Schestag, R., Schuster, P., Uhrig-Homburg, M., "Measuring Liquidity in Bond Markets", *Review of Financial Studies*,

2016, 29 (5): 1170 – 1219.

[219] Sengupta, P., "Corporate Disclosure Quality and the Cost of Debt", *Accounting Review*, 1998: 459 – 474.

[220] Shleifer, A., Vishny, R. W., "Large Shareholders and Corporate Control", *Journal of Political Economy*, 1986, 94 (3, Part 1): 461 – 488.

[221] Smith, M. P., "Shareholder Activism by Institutional Investors: Evidence from CalPERS", *Journal of Finance*, 1996, 51 (1): 227 – 252.

[222] Sobel, M. E., "Asymptotic Confidence Intervals for Indirect Effects in Structural Equation Models", *Sociological Methodology*, 1982, 13: 290 – 312.

[223] Spence, A. M., "Market Signaling: Informational Transfer in Hiring and Related Screening Processes". *Harvard Univercity*, 1974.

[224] Stiglitz, J. E., "Capital Market Liberalization, Economic Growth, and Instability", *World Development*, 2000, 28 (6): 1075 – 1086.

[225] Stiglitz, J. E., "Information and the Change in the Paradigm in Economics", *American Economic Review*, 2002, 92 (3): 460 – 501.

[226] Switzer, L. N., Wang, J., "Institutional Investment Horizon, the Information Environment, and Firm Credit Risk", *Journal of Financial Stability*, 2017, 29: 57 – 71.

[227] Vayanos, D., "Transaction Costs and Asset Prices: A Dynamic Equilibrium Model", *Review of Financial Studies*, 1998, 11

(1): 1 - 58.

[228] Wahal, S., McConnell, J. J., "Do Institutional Investors Exacerbate Managerial Myopia?", *Journal of Corporate Finance*, 2000, 6 (3): 307 - 329.

[229] Weidenbaum, M. L., Hughes, S., "The Bamboo Network: How Expatriate Chinese Entrepreneurs Are Creating A New Economic Superpower in Asia", *Simon and Schuster*, 1996.

[230] Weinstein, M., "The Systematic Risk of Corporate Bonds", *Journal of Financial and Quantitative Analysis*, 1981, 16 (3): 257 - 278.

[231] West, R. R., "An Alternative Approach to Predicting Corporate Bond Ratings", *Journal of Accounting Research*, 1970: 118 - 125.

[232] Wilson, R., "The Theory of Syndicates", *Econometrica: Journal of the Econometric Society*, 1968: 119 - 132.

[233] Woidtke, T., "Agents Watching Agents?: Evidence From Pension Fund Ownership and Firm Value", *Journal of Financial Economics*, 2002, 63 (1): 99 - 131.

[234] Yan, X., Zhang, Z., "Institutional Investors and Equity Returns: Are Short-term Institutions Better Informed?", *Review of Financial Studies*, 2007, 22 (2): 893 - 924.

[235] Yeo, G. H. H., Tan, P., Ho, K. W. et al., "Corporate Ownership Structure and the Informativeness of Earnings", *Journal of Business Finance & Accounting*, 2002, 29 (7 - 8): 1023 - 1046.

[236] Yu, F., "Accounting Transparency and the Term Structure of

Credit Spreads", *Journal of Financial Economics*, 2005, 75 (1): 53 - 84.

[237] Zhang, X., "Information Uncertainty and Stock Returns", *Journal of Finance*, 2006, 61 (1): 105 - 137.

[238] Zhang, Y., Wiersema, M. F., "Stock Market Reaction to CEO Certification: The Signaling Role of CEO Background", *Strategic Management Journal*, 2009, 30 (7): 693 - 710.

[239] Zhou, C., "The Term Structure of Credit Spreads with Jump Risk", *Journal of Banking & Finance*, 2001, 25 (11): 2015 - 2040.

图书在版编目(CIP)数据

风险投资与债券风险溢价:基于机构投资者视角/关博文著. -- 北京:社会科学文献出版社,2020.9
 ISBN 978-7-5201-7452-7

Ⅰ.①风… Ⅱ.①关… Ⅲ.①债券投资-投资风险-研究-中国 Ⅳ.①F832.51

中国版本图书馆CIP数据核字(2020)第199971号

风险投资与债券风险溢价
——基于机构投资者视角

著　　者 / 关博文
出 版 人 / 谢寿光
责任编辑 / 高　雁
文稿编辑 / 胡　楠
出　　版 / 社会科学文献出版社·经济与管理分社 (010) 59367226 地址:北京市北三环中路甲29号院华龙大厦　邮编:100029 网址:www.ssap.com.cn
发　　行 / 市场营销中心 (010) 59367081　59367083
印　　装 / 三河市尚艺印装有限公司
规　　格 / 开　本:787mm×1092mm　1/16 印　张:14.5　字　数:175千字
版　　次 / 2020年9月第1版　2020年9月第1次印刷
书　　号 / ISBN 978-7-5201-7452-7
定　　价 / 98.00元

本书如有印装质量问题,请与读者服务中心 (010-59367028) 联系

▲ 版权所有 翻印必究